AF321520

RÉFLEXIONS

SUR

LE COMMERCE,

LA NAVIGATION

ET

LES COLONIES.

RÉFLEXIONS

Sur le Commerce, la Navigation
& les Colonies.

Le Commerce & la Navigation n'ont pas eu, en France, la même progreſſion que chez pluſieurs Nations Commerçantes de l'Europe. Eſt-ce à la nature des choſes, eſt-ce à l'eſprit, au caractère de ſes Habitans ou à l'Adminiſtration qu'on peut l'attribuer.

La Nature ſemble avoir tout préparé pour la proſpérité de ce Royaume. Sa ſituation topographique, ſes grandes Rivières communiquant à pluſieurs Mers; ſes productions territoriales; une immenſe population ſoumiſe à une autorité unique; tout concourt à donner à cet Etat une tendance particulière au Commerce & à la Navigation. La nature des choſes lui promet la ſupériorité.

L'eſprit de ſes Habitans ne préſente aucun obſtacle : il eſt naturellement vif; leur caractère eſt doux & flexible; leur penchant au plaiſir & à la vanité offre même des moyens de le diriger facilement; ils ſont ſuſceptibles de recevoir toutes les impreſſions.

L'Adminiſtration a-t-elle tiré parti de tant d'avantages ? a-t-elle ordonné relativement à la nature des choſes ? a-t-elle imprimé un mouvement qui leur ſoit propre ? Voilà ce que je veux examiner dans ce Mémoire. L'Adminiſtration commet des fautes, mais ne s'en accuſe jamais; & les Adminiſtrateurs repouſſent les diſcuſſions qui pourroient

A

les éclairer. L'amour-propre lutte toujours contre la démonstration de la Vérité ; c'est par cette légèreté que la prospérité publique se trouve compromise.

Le devoir de l'Administration est de veiller au bonheur de tous les individus qui composent la Société ; mais les Loix féodales ont laissé une impression profonde qui agit encore, & qui s'oppose à une distribution impartiale des soins du Gouvernement. On retrouve leur esprit dans cette tendance continuelle en faveur du fort contre le foible. L'Administration est bien coupable là où l'homme est compté pour si peu de chose ; le Commerce alors n'y sçauroit prospérer.

Les hommes qui n'ont aucune propriété ; qui n'ont de moyens de subsister que par le travail ; cette classe nombreuse a droit à l'attention particulière de l'Administration. Ils n'ont de défenseurs, de protecteurs qu'elle ; & l'action du Commerce, est le moyen qu'elle peut employer pour pourvoir à leur subsistance.

S'il y a plus de travailleurs que de travail, ils sont malheureux ; ils sont à la merci de l'homme riche. Alors, n'étant pas suffisamment salariés, ils ne peuvent élever leurs enfans, & le Peuple éprouve toutes les suites de la misère. Si, au contraire, il y a plus de travail que de travailleurs, l'ouvrier, l'artisan, le journalier, cette foule d'hommes qui constituent réellement la population vit dans l'aisance. Les enfans qu'ils élèvent deviennent des hommes vigoureux, actifs & intelligens.

C'est pour le Peuple que l'Administration doit régler la marche du Commerce ; tous les avantages se rencontrent dans cette direction. L'Agriculture ne sçauroit être mieux encouragée, qu'en fixant auprès des Cultivateurs, un grand nombre de Conſommateurs bien ſalariés. L'aiſance du Peuple, & une balance avantageuſe dans les rapports avec les Nations étrangères, ſont la ſuite naturelle d'un Commerce ordonné pour être le moteur du travail.

Le débouché provoque l'accroiſſement des produits. Sans débouché, le produit s'arrête. Ainſi l'Adminiſtration, en ſurveillant, en favoriſant l'exportation des Marchandiſes, en excite la fabrication. C'eſt la multiplicité des Fabriques qui conduit à la ſubdiviſion du travail, d'où réſulte le bon marché de la main-d'œuvre, même en payant la journée de l'homme plus cher. Or le bon marché eſt le moyen le plus aſſûré d'obtenir la préférence chez les Nations conſommatrices.

Si, par une mauvaiſe adminiſtration du Commerce, une Nation avoit plus de bras qu'elle ne peut en employer, il ne ſeroit pas moins néceſſaire d'adopter, dans le travail, l'intervention des machines. Elles opèrent le bon marché de la main-d'œuvre. Si l'on ne les adoptoit pas, non-ſeulement on perdroit les débouchés extérieurs; mais même la conſommation intérieure ſeroit en proie à une induſtrie étrangère. Ainſi, pour conſerver le travail dans la Nation, il eſt indiſpenſable d'adopter les machines; il ſeroit bien dangereux de regarder ce raiſonnement comme un paradoxe.

La France renferme vingt-quatre millions d'Habitans. Leur conſommation eſt un avantage inapréciable, pour parvenir à la ſupériorité dans les Fabriques. L'Adminiſtration doit être attentive à réſerver cette conſommation au travail National. S'il eſt plus cher que chez les Nations étrangères, cela suppose des vices dans le système Commercial ; il faut les réformer ; mais, en attendant qu'ils le soient, il est indispensable que des Loix prohibitives assûrent la subsistance de l'homme salarié, en lui réservant tout le travail qui convient à cette consommation.

On ne peut pas méconnoître qu'il existe, pour les Nations, une force en Commerce, indépendante de l'individu. Elle résulte d'un système Commercial bien réfléchi, & dirigé avec conséquence dans toutes ses parties ; d'une libre circulation dans l'intérieur ; des débouchés assûrés par des droits à l'entrée exactement perçus ; par des gratifications, à la sortie, accordées avec circonspection ; par des traités de Commerce faits avec sagacité ; elle résulte encore du bas prix de l'intérêt de l'argent, qui est continuellement cause & effet d'un Commerce bien dirigé. C'est ainsi qu'une administration éclairée, forme du travail National & de toutes les facultés commerçantes, une espéce de phalange, qui repousse & attaque le travail des étrangers. Exposer à la concurrence d'une Nation ainsi ordonnée, une foule d'ouvriers, d'artisans livrés à leurs propres forces, ce seroit, en Administration, une erreur bien funeste. Que diroit-on d'un Gouvernement qui prétendroit combattre avec des soldats sans ordre, sans liaison, sans unité d'efforts , une troupe formée & dirigée d'après toutes les régles de la Tactique ? Qui pourroit douter de l'issue de ce combat ?

Peut-on qualifier de monopole national, un système commercial, uniquement déterminé pour le bonheur du peuple ? Le mot de monopole peut-il être appliqué à un but d'utilité publique ? Pourroit-on reprocher à l'Administration d'un Etat, de s'occuper particulièrement du bonheur des individus qui lui font confiés ? Les divers Gouvernemens font-ils convenus de détruire les inftitutions fociales, qui font caufe de l'inégalité qui exifte entre les Nations ? C'eft une grande idée, fans doute, que de confidérer tous les hommes comme frères, & de prétendre établir entr'eux, une communication libre de tous leurs produits; mais cette belle chimère mérite t-elle une réflexion ? Autant vaudroit-il propofer aux hommes une égalité parfaite dans toutes leurs propriétés. Qui doute qu'elle ne fut bien-tôt rompue par l'inégalité de leurs moyens naturels ? Or les diverfes Nations ne font-elles pas entr'elles, comme les individus, dans une fituation d'inégalité, qui eft le germe des prétentions des unes, & qui nécefite les précautions des autres. Le Commerce fera toujours, dans la main des Gouvernements, un moyen de mettre le Peuple dans l'aifance, & de renvoyer ailleurs la pareffe & la mifère, comme des monftres qu'ils doivent combattre fans ceffe. Dans cette efpèce de lutte, il y a fans doute des principes de Juftice reconnus, dont on ne doit pas s'écarter ; mais toujours les plus éclairés auront l'avantage ; & c'eft induire l'Adminiftration en erreur, que de qualifier de monopole National, un fyftême Commercial, uniquement dirigé pour le bonheur du Peuple.

Des partifans d'une liberté illimitée prétendent qu'elle doit être le feul fyftême Commercial ; qu'elle remédieroit à tout ; qu'elle donneroit à la France la fupériorité que lui affignent fes avantages naturels ; que, fi la main-d'œuvre étrangère eft à meilleur marché que la nôtre ; il eft jufte de la procurer à nos confommateurs ; que cette introduction libre de l'induftrie étrangère néceffiteroit nos ouvriers à l'imiter; que le befoin les rendroit plus induftrieux, & qu'alors ils repoufferoient l'induftrie étrangère. Suivant eux, la liberté pourvoit à tout; & leur vœu eft qu'elle foit prononcée, fans égard au fyftême prohibitif des Nations qui nous environnent; fans égard aux impofitions qui pèfent, plus qu'ailleurs, fur notre main-d'œuvre. Ces zélés fectateurs de la liberté ont-ils bien réfléchi fur les intérêts de ce peuple qui eft fous leurs yeux, & qui ne peut fub-fifter que par le travail? Leurs idées fpéculatives font-elles guidées par l'expérience? Leurs opinions embraffent des intérêts bien majeurs; mais, fi elles étoient erronées, elles induiroient à faire bien des malheureux.

Nous avons déjà dit que d'un fyftême Commercial bien dirigé, il réfultoit une force contre laquelle l'individu ne pouvoit rien. Si la main-d'œuvre étrangère eft fupérieure, & qu'elle foit introduite, elle fufpend le travail. L'Entre-preneur des ouvrages n'employe plus l'ouvrier; fa journée eft déjà à fi bas prix qu'il ne peut l'offrir au-deffous, fans devenir miférable. Quel fera fon fort? On le renvoye à l'A-griculture; mais cette converfion de travail ne feroit-elle pas un malheur pour lui? Et ne préféreroit-il pas d'aller chercher du travail chez les Nations qui affûrent le dé-bouché à leur main-d'œuvre? D'ailleurs apperçoit-on que, dans les Provinces de l'intérieur qui manquent de Fabri-ques, l'Agriculture foit plus animée? Là, le journalier donne fa journée à un prix qui lui procure à peine la plus chétive exiftence. Cependant c'eft-là où l'Agriculture eft réellement languiffante. On ne peut fe diffimuler l'in-fluence du commerce fur l'Agriculture. Recevoir le travail des Nations étrangères, c'eft rendre nos travailleurs plus

miférables; c'eſt arrêter le développement de tous les produits, & atténuer la force publique. Ce n'eſt pas ainſi
qu'on remédiera aux vices du ſyſtême Commercial.

Si, parce que l'induſtrie Angloiſe eſt devenue ſupérieure
à la nôtre, nous lui livrons notre conſommation; ſi, parce
que les Navigations étrangères, mieux organiſées que la
nôtre, donnent le frêt à plus bas prix, nous les admettons
à faire nos tranſports; ſi, parce que leur pêche fournit à
meilleur marché, nous contribuons au débouché de leur
poiſſon; ſi, parce que l'Angleterre a mieux ordonné ſon
Commerce, pour la proſpérité de ſes Iſles, nous conſen-
tons de partager avec elle la fourniture des nôtres, que de-
viendront les hommes ſalariés? Il n'y a cependant pas
une ſeule de ces ceſſions qui n'ait ſes Promoteurs; & ſi
quelque Nation, par des gratifications à la ſortie de ſes
bleds, de ſes vins, nous les offroit à meilleur marché, ces
mêmes partiſans d'une liberté ſans bornes, n'héſiteroient
pas à conſeiller de les recevoir. C'eſt un véritable délire,
que de prétendre nous conduire à la proſpérité, en livrant
toutes les parties du travail de la Nation, à la concurrence
étrangère.

La ſupériorité de la France, en Commerce, eſt décidée
par la Nature; & cependant ſon infériorité relative eſt
démontrée. Ce n'eſt ni à ſes Cultivateurs, ni à ſes Fabriquans,
ni à ſes Commerçans qu'il faut s'en prendre; leur action
déterminée par ce qui meut les hommes de tous les pays,
de tous les Etats, s'arrête où les obſtacles ne peuvent
être vaincus par la force individuelle. L'Adminiſtration a
ſeule le pouvoir néceſſaire pour donner à cette action,
tout l'eſſor dont elle eſt ſuſceptible; mais elle doit être

éclairée, pour ne produire que des effets d'une utilité générale. Elle doit être guidée par un fyftême Commercial, qui embraffe tous les intérêts.

C'eft ce qui manque à la France. Il n'y a rien qu'on puiffe y qualifier de fyftême Commercial. L'Adminiftration eft vacillante; elle marche fans guide; on n'y connoît pas même les vrais principes de Commerce, puifque fouvent on le confidère comme un intérêt fecondaire à l'Agriculture, dont il eft l'âme. C'eft une fource continuelle d'erreurs que de féparer, dans les foins de l'Adminiftration, l'Agriculture du Commerce. Ces deux portions de l'économie politique, n'en font réellement qu'une. Le Commerce n'eft, pour ainfi-dire, que le complément de la profpérité de l'Agriculture. L'Agriculture doit être ordonnée pour le Commerce; & le Commerce pour l'Agriculture. Ils doivent compofer un tout, intimement lié dans toutes fes parties.

Souvent on ne confidère le Commerce que comme l'intérêt des Commerçans. Cette idée s'eft établie, parce qu'eux feuls ont repréfenté, contre ce qui gênoit fon mouvement; & que jamais l'Adminiftration n'a d'elle-même travaillé à fon amélioration. Elle ne cherche, elle ne provoque pas les lumières. Elle profite, quelquefois, de celles que lui préfente l'intérêt particulier; mais cette fource eft dangereufe. C'eft l'intérêt collectif qu'on doit confulter; & les confultations doivent être publiques, pour faire taire l'intérêt particulier, qui n'aime pas le grand jour. Les Commerçans ne font que les agens du Commerce, mais des agens néceffaires. C'eft à l'Adminiftration à déterminer leurs mouvemens, pour l'utilité publique. Celui-là eft vrai-

ment

ment utile, qui augmente le débouché des produits de la Nation. Il anime le travail ; il concourt à l'amélioration du tout. S'il emploie fes capitaux, fon intelligence à colporter dans la Nation les produits du travail étranger, il peut fervir fon intérêt ; mais il ne fert pas la chofe publique ; & fon tort, dans le fait, n'eft que celui de l'Adminiftration qui tolère ou permet une action auffi nuifible. Le Commerce ne peut être abandonné à l'impulfion de l'intérêt perfonnel. Le maintien de la Société exige que cet intérêt perfonnel, moteur des actions des Commerçans, comme de tous les autres hommes, foit plié, foit fubordonné à l'intérêt focial. C'eft à l'Adminiftration à lui imprimer cette direction ; mais ce doit être d'après des principes, des régles indépendantes de la volonté momentanée des Adminiftrateurs ; & ces principes, ces régles font ce qu'on appelle un fyftême Commercial.

Le Commerce n'a été aprécié en France, que d'après l'expérience des Nations Commerçantes ; auffi ne remarque-t-on dans les actes émanés du Gouvernement, que l'effet d'idées communiquées. Le Commerce n'a jamais éprouvé qu'une protection particielle & momentanée, due aux lumières de quelques Adminiftrateurs, & non à l'enfemble de l'Adminiftration. L'impulfion, n'ayant été ni générale ni conféquente, a manqué fon effet. On ne trouve nulle part un point central, où cet intérêt général foit difcuté, où les principes foient convenus, arrêtés, & qui ait en même temps, affez de prépondérance, pour que la marche de toute l'Adminiftation y foit fubordonnée. Le Commerce eft confié à plufieuts Départemens ; dans tous, il eft l'objet fecondaire ; aucun d'eux ne donnant ni rece-

B

vant l'impulsion, il n'a pû être dirigé que par des idées incohérentes. C'est sans doute à cet ordre de choses, qu'on peut attribuer les erreurs de l'Administration sur le Commerce, & ses vacillations continuelles.

L'Administration du Commerce est spécialement confiée à trois Départemens : les Affaires Etrangères, les Finances & la Marine. Dans ce siécle, où le Commerce est devenu le plus fort levier en Politique, il est le motif direct ou indirect de toutes les guerres ; & les traités de paix, les traités de Commerce décident de la prospérité des Nations. Les fausses combinaisons, les erreurs en ce genre ont une influence de longue durée. Elles pèsent sur des générations entières. Or les Affaires Etrangères, chargées spécialement de ces opérations d'importance majeure, ne peuvent être éclairées sur toutes les branches de l'intérêt National, relativement au Commerce, que par les deux Départemens, Finances & Marine, auxquels le mouvement en est confié. Si ces deux Départemens n'ont eux-mêmes considéré le Commerce que comme un objet secondaire dans leur Administration ; s'ils n'en connoissent pas tous les détails ; s'il n'y a pas même de systême Commercial, qui régle leur marche dans un but d'ensemble, quelles peuvent être les lumières, les matériaux qu'ils fournissent au Département des Affaires Etrangères ? Est-il temps d'étudier, de s'éclairer sur un sujet aussi compliqué, lorsqu'il faut se décider, lorsqu'il faut agir ? Qu'on ne soit pas surpris de ce que la France n'est pas ce qu'elle devroit être ; qu'on s'étonne au contraire, de ce que son Commerce n'est pas encore plus inférieur à celui de ses rivaux. On pourroit citer des circonſtances heureuſes, que des erreurs ſeules ont rendu défavorables.

Le Département des Finances eſt chargé de la levée des impôts. Mais, les revenus publics ne devant s'accroître que dans la proportion de tous les produits, ce Département eſt naturellement chargé de ſurveiller leur amélioration. D'ailleurs, par la perception des impôts, quel que ſoit le mode adopté, les Finances réuniſſent tous les moyens de ſuivre les progrès de l'Agriculture & du Commerce. Elles en atteignent toutes les parties; tous les chaînons des produits aboutiſſent au Miniſtre de ce Département; c'eſt, de fait, l'Intendant de l'Etat.

Mais ce Département ne ſemble avoir été, juſqu'à préſent, deſtiné qu'à procurer de l'argent, qu'à en lever, Il n'eſt point chargé de l'utile fonction d'éclairer, de ſurveiller, de régler toutes les dépenſes, & de les ſubordonner entièrement aux recettes. Ainſi ſon Adminiſtration eſt devenue purement Financière; elle attaque tous les produits dans leurs germes, au lieu de les féconder. Les dépenſes devançant toujours les recettes pendant la paix, comme pendant la guerre, le beſoin ſe fait toujours ſentir impérieuſement; & ce beſoin du moment a fait adopter des moyens qui ont arrêté le dévelopement du Commerce. Toutes les opérations n'ont été que des reſſources inſtantes; & le droit qui produiſoit le plus, qui étoit le plus facile à établir, a été préféré, quel que fut ſon effet ſur l'Agriculture & ſur le Commerce. L'Adminiſtration s'eſt miſe conſtament dans la dépendance des Financiers; ils ont donné continuellement l'impulſion; & l'art de travailler le peuple en Finances, a été le plus apprécié. La Police même a été ſubordonnée à cette vue ; on a fait de la multiplicité des cabarets, le moyen le plus doux de preſſurer les hommes ſalariés ; & toutes les idées morales ont cédé au beſoin d'argent. Ainſi, dans le fait, le Département des Finances n'a ni protégé ni défendu l'Agriculture & le Commerce qui lui ſont confiés.

Dans le Département de la Marine, le Commerce a été encore plus négligé ; les principes qui peuvent le faire proſpérer ont encore été plus méconnus. Ce Département eſt un compoſé de parties dont l'Adminiſtration exige des vues, des connoiſſances qui n'ont aucune analogie entr'elles. La compoſition, le maintien d'un corps Militaire, le mouvement des forces navales, leur préparation, la conſtruction des Vaiſſeaux, l'approviſionnement des matières, leur conſervation, l'ordre & l'harmonie qu'exigent des objets auſſi importans, tout cela compoſe la principale partie de ce Département. Cette machine immenſe, dont le Département de la Guerre n'offre pas à beaucoup près l'image, obtient la principale attention du Miniſtre & de ſes Bureaux. Elle exige l'emploi d'hommes expérimentés, & une étude preſque continuelle des moyens de ſoutenir l'activité de tous.

A cette partie principale eſt jointe l'Adminiſtration du Commerce maritime, de la Navigation & des Colonies ; trois branches importantes du Commerce National. Ainſi ce Département peut être conſidéré comme deux Départemens réunis, quoiqu'ils exigent des vues & des connoiſſances d'un genre abſolument différent. L'un eſt chargé du maintien des forces Navales, & l'autre de favoriſer l'accroiſſement des produits de la Nation. L'un peut être iſolé, comme le Département de la Guerre, & ne recevoir une impulfion d'enfemble que de l'ordre du Souverain & des lumières de fon Confeil; l'autre qui influe fur tous les produits, puifqu'il en furveille le débouché, doit fe fubordonner entièrement au mouvement du Commerce intérieur, dont il eft le moteur le plus puiffant.

Or les idées Militaires, qui doivent naturellement avoir la prépondérance dans ce Département, font dans une oppofition continuelle avec l'efprit du Commerce, & nuiront toujours à fa profpérité. Ce mauvais ordre de chofes s'eft établi dans un temps où les Colonies étoient naiffantes, où la Navigation générale de l'Europe, & conféquemment le Commerce Maritime étoient dans l'enfance; & il a fubfifté, parce qu'on n'a pas encore examiné férieufement les caufes qui arrêtent en France les développemens du Commerce.

La Navigation & le Commerce Maritime font dans une dépendance abfolue du pouvoir Militaire. Le Matelot n'eft pas un Homme libre; l'Officier de la Marine Marchande ne l'eft pas non plus; l'Ouvrier marin eft dans la même dépendance. Ainfi les opérations du Commerce font fubordonnées aux vues Militaires. Après avoir ainfi enchaîné les mouvemens de l'Armateur, on lui fait un reproche de ne pouvoir lutter contre la concurrence de l'Armateur étranger, qui eft parfaitement libre. C'eft ainfi que l'Adminiftration, qui ne s'accufe jamais, rejette la caufe de fes erreurs, fur ceux mêmes qui en font les victimes. Si la France n'eft pas ce qu'elle doit être, ce n'eft qu'à l'Adminiftration fupérieure & inférieure qu'il faut s'en prendre.

On allégue, en faveur de la réunion de détails qui paroissent incompatibles, que la Marine, étant chargée de la défense des Colonies & du Commerce Maritime, ayant le plus grand intérêt à la formation des Matelots, devoit réunir l'Administration de toutes ces parties. Mais a-t-on bien réfléchi sur cette allégation ? Aujourd'hui qu'on peut la juger d'après l'expérience de tout un siécle, résumons ce qu'a produit cette étrange réunion. Subordonnée aux vues Militaires, la Navigation est restée dans un tel état de médiocrité, qu'on a jugé nécessaire d'admettre le Pavillon étranger, à partager le service Commercial de nos propres Isles. Gênée dans la formation pendant la paix, qu'est devenue la Navigation dans toutes les guerres ? C'est bien là le cas de dire que le protecteur a étouffé le protégé. Les réclamations passant par un Département qui en étoit l'objet, n'ont pû parvenir jusqu'au Gouvernement. Les préjugés, les préventions, la force de l'habitude n'ont pas permis de les écouter. Elles ont été repoussées comme des actes d'insubordination ; elles ont produit même un senti-ment d'antipathie qui dans maintes occasions, a été nuisi-ble à la chose publique.

Par ces réflexions générales, j'ai cherché à démontrer que le Commerce devoit être combiné pour les travailleurs, & non pour les consommateurs; que cette direction pro-duiroit une balance avantageuse, & qu'elle tourneroit au profit du Peuple, dont la misère solliciteroit l'attention du Gouvernement; que l'Administration du Commerce confiée à plusieurs Départemens, manquoit de points de réunion, pour concerter une marche uniforme, constante, qui seule pouvoit produire des effets utiles; que l'Administration dans tous les Départemens , avoit à se reprocher d'avoir négligé le Commerce ; de n'avoir pas observé les moyens de le faire prospérer, de l'avoir même contrarié. Je vais suivre cette démonstration, en traitant, avec quelque détail, de la *Navigation* & du *Commerce des Colonies* , que je considère comme les principaux moteurs du Commerce National. La Navigation semble condamnée à une inactivité, dont il est du plus grand intérêt d'attaquer les causes. Le Commerce des Colonies, dirigé sans principes , n'a produit ni pour les Colonies ni pour la Métropole, tous les biens dont ces établissemens sont susceptibles ; & ces sources de richesses publiques sont attaquées par des combinaisons nouvelles, que je me propose de discuter.

SUR LA NAVIGATION.

La Navigation est la branche du Commerce la plus intéressante, par son influence sur toutes les autres. Son infériorité atteste que cette influence n'a point été sentie. L'expérience des Nations qui ont lié leur Commerce avec leur Navigation , a été perdue pour nous ; elle n'a pas même été considérée sous le rapport du travail. Dans toutes nos connexions avec les Nations étrangères, nous leur abandonnons les transports, sans réfléchir que nous salarions leurs matelots & leurs ouvriers ; nous perdons pour notre Agriculture & pour notre main-d'œuvre, toutes les consommations qui dépendent de ces transports, sans avoir encore recherché les causes de notre infériorité. nous avons bien reconnu que la Navigation étoit la bâse de la force maritime ; mais cette réflexion même n'a pas encore fait

faire un pas qui annonce des vues juftes fur fon amélioration.

Peu s'en faut qu'il ne paffe pour conftant, que le caractère National s'oppofe à la Navigation. Parce que l'Angleterre eft une ifle, on ne juge pas que la France puiffe
atteindre à fa puiffance maritime. C'eft bien parce que
l'Angleterre eft une Ifle, qu'elle a développé plus tôt les
idées & les moyens, pour faire profpérer fa Navigation;
mais fon principe d'activité n'eft, comme ailleurs, que la
pêche, l'exportation & l'importation de fes produits & de
fes confommations. Or, fous ce rapport, la France a autant de moyens que l'Angleterre, de parvenir à une immenfe
Navigation. Qu'on réfléchiffe fur l'étendue de fes côtes;
fur fa fituation fur plufieurs Mers; fur fes grandes Rivières;
fur fes exportations & importations poffibles, & l'on fera
convaincu qu'elle eft appellée à la Navigation la plus con-
fidérable, comme au Commerce le plus étendu. Ainfi, puifque malgré l'accroiffement général de la Navigation en Europe, celle de la France eft reftée à peu près dans la même fituation; qu'elle ne peut lutter contre la concurrence d'aucune autre; qu'elle ne fe foutient que là où l'on lui réferve privilége, il doit y avoir un vice radical dans fes réglemens, dans fes ordonnances, & dans tout ce qui tient à
fon Adminiftration.

Le Département de la Marine n'a vu la Navigation,
que fous le rapport d'une Ecole de Matelots. Cette vue
bornée s'eft oppofée à fon extenfion. On ne peut affimiler
les forces navales à l'armée de terre. D'autorité, on peut
lever des hommes & en former promptement de bons foldats; mais on n'auroit pas, par les mêmes moyens, de bons
matelots.

matelots. Leur formation exige un long exercice de la Navigation; & il eſt impoſſible que l'Etat ſoudoye & tienne en activité pendant la paix, les hommes de mer dont il a beſoin pour la guerre.

La néceſſité de défendre l'Etat peut juſtifier, lors de la guerre, la diſpoſition que le Gouvernement fait du matelot formé; mais c'eſt nuire à ſa formation, que de le conſidérer, pendant la paix, comme faiſant partie de l'armée navale, & de le traiter comme un homme engagé pour le ſervice du Roi. La multiplication des matelots ne peut s'opérer que par la Navigation. Il eſt donc indiſpenſable, pour le maintien des forces navales, que rien ne gêne ſon extenſion.

Les levées continuelles pour le ſervice du Roi, pendant la paix, portent eſſentiellement atteinte à la Navigation. Elles repouſſent les hommes de cette profeſſion. Elles élévent le ſalaire de ceux qui s'y livrent; elles ſont un impôt indirect ſur le Commerce maritime. Or, comme la Navigation ne pouvoit recevoir d'extenſion que par le Commerce, il étoit indiſpenſable de conſulter ſes convenances. Elle devoit être libre, comme celle des Nations rivales. L'impoſer, la gréver d'entraves, l'attaquer dans l'opinion par une ſubordination inquiétante, c'étoit lui preſcrire des bornes qu'elle n'a jamais pu franchir.

Tout ce qui s'eſt fait ſous le Miniſtère de Colbert, porte une empreinte reſpectable; mais j'obſerve que ce Miniſtre, preſſé d'obéir au déſir de Louis XIV, eut à créer en peu de temps une Marine formidable : il n'a ordonné les choſes que pour un coup de force. D'ailleurs, à cette époque, les armemens Royaux furent eux-mêmes

C

la principale école de matelots. Au reste, s'il a preſcrit que les levées duſſent être continuelles, s'il a grévé la Navigation de cet impôt deſtructeur, il a, de fait, prononcé qu'elle ſeroit inférieure à celle de toutes les Nations.

Sans doute il eſt néceſſaire que le matelot ſoit diſponible pour le ſervice du Roi, à l'époque de la guerre ; &, ſous ce point de vue, les regiſtres des Claſſes ſont un établiſſe-ment précieux : ils ſervent à faire connoître le nombre des matelots ; le lieu où ils ſont domiciliés ; les voyages où ils ſont employés ; ils facilitent les moyens de les ſuivre dans tous leurs mouvemens, & de les lever à l'époque où les circonſtances exigent de déployer toute la force Maritime ; mais l'établiſſement des Claſſes auroit du être borné à la tenue de ces Regiſtres, pendant la paix. Alors l'objet eſſentiel eſt l'extenſion de la navigation, d'où réſulte une formation de matelots relative. Il convient de ſuſpendre tout ce qui s'y oppoſe. La condition du matelot devroit être libre, pendant la paix, de toute autre obligation que celle qu'il contracteroit volontairement. Au lieu de gréver cette profeſſion, de la rendre abſolu-ment dépendante, tout devroit tendre à la favoriſer, comme étant la plus utile & en même temps la plus dangereuſe.

A l'époque des trois dernières guerres, le nombre des matelots Claſſés, réellement diſponible, c'eſt-à-dire ce qu'il étoit indiſpenſable de laiſſer pour le ſervice particulier des Ports, ne s'eſt pas élevé au-deſſus de 50 mille. Il ſemble que ce ſoit là le terme où la navigation puiſſe atteindre dans les parties où l'on lui a conſervé privilége excluſif, & dans celles où les avantages de ſituation lui font foutenir la concurrence des étrangers. Ce nombre étant infuffifant dès le début de la guerre, les levées ont été totales. Qu'on examine ce que les combats, les maladies, les prifons chez l'ennemi, les hôpitaux dans les ports, & auffi un mauvais ordre de chofes ont détruit de cette efpèce d'hommes fi précieufe ; que l'on compulfe les Regiftres des Claffes à la fin de chaque époque, & l'on ne fera plus furpris de la quantité de veuves, d'orphelins & de mères fans foutien, qu'offrent par tout les familles de marins. Cette profeffion fupporte à elle feule le plus pefant fardeau de la guerre ; elle en eft, chaque fois, anéantie. Le feul moyen de l'alléger, eft de rendre la Claffe des matelots plus nombreufe. Si l'on parvient à la doubler, & que la Marine ne débute plus, dans la guerre, par n'employer que des matelots faits, cette profeffion fera moins foulée ; les armemens Royaux ne manqueront plus de matelots, & ceux du Commerce ne feront plus fufpendus, par le fait feul de la première hoftilité.

On m'objectera, fans doute, qu'il faut pourvoir à la compofition des équipages pour les armemens Royaux, & y pourvoir avec économie. Eh ! pourquoi la Marine elle - même ne concourroit - elle pas à la formation des matelots ? Qui peut empêcher qu'en temps de paix, tous les équipages des bâtimens du Roi foient compofés de deux tiers en novices ? Les Officiers de la Marine dédaigneront-ils de s'occuper de la formation des hommes de mer, par des exercices de manœuvres fur les rades & pendant les traverfées ? Penfe-t-on qu'ils en deviendroient eux-mêmes moins bons manœuvriers ? Et ne réfulteroit-il pas auſſi de la néceſſité de s'occuper davantage du matelot, plus d'idées, plus de ſoins pour ſa conſervation.

Pour compoſer les novices, on pourroit enrôler volontairement des jeunes - gens comme pour le ſervice de terre ; & fixer de même leur engagement à huit années. Les ſalaires bornés d'abord au plus ſimple néceſſaire, augmenteroient en proportion du ſervice & des diſpoſitions des novices. Cet engagement auroit des conſéquences bien différentes de celui pour le ſervice de terre. Un homme qui s'engage ſoldat, cauſe la déſolation de ſes parens. A la fin de ſon engagement, il ne rapporte dans ſon pays que des mœurs incompatibles avec la vie domeſtique. Au contraire, pour le ſervice de matelot, on verroit des pères de famille ſolliciter l'engagement de leurs fils ; ce ne ſeroit à leur yeux qu'un apprentiſſage. Au terme de huit années, l'engagé redeviendroit libre ; alors il ſeroit propre à être un bon Chef de famille ; ayant acquis l'habitude du travail, & d'un métier pénible, il auroit les moyens de la faire ſubſiſter. Une Police éclairée, bienveillante, préſerveroit leur ſanté & leurs mœurs. Ainſi, au lieu de comprimer la Navigation par des levées continuelles, la Marine fourniroit bientôt des matelots au Commerce ; &, dès que les levées ne repouſſeroient plus de la profeſſion de Navigateur, la multiplication de l'eſpéce améneroit bientôt le bas prix des ſalaires. Alors la Navigation pourroit lutter contre les Navigations étrangères, & s'étendre dans toutes les parties. C'eſt ainſi qu'on porteroit promptement le nombre des matelots diſponible à cent mille & plus ; &, ſi, pendant la guerre, la Marine continuoit d'employer un certain nombre d'engagés, on parviendroit, à la paix, comme en Angleterre, avec plus de matelots qu'il n'y en avoit au commencement de la guerre, sans avoir interrompu le mouvement du Commerce, sans être forcé d'employer la ressource ruineuse pour l'Etat, de livrer pendant cette époque la fourniture des Colonies aux Etrangers. Que d'avantages découleroient de ce nouvel ordre de choses !

Les équipages des bâtimens du Roi étant composés de matelots levés d'autorité, on désarme ces bâtimens à la fin de chaque campagne, pour répartir la corvée le plus également possible. Cette disposition s'oppose essentiellement à l'économie. Il est reconnu dans le service du Roi, comme dans les opérations du commerce, qu'un réarmement est bien plus dispendieux qu'une prolongation de campagne.

Ce sont les levées pour le service du Roi, qui s'opposent à ce que l'Armateur engage, comme en Angleterre, des matelots ou des novices pour plusieurs années. Par cet engagement, il les soustrairoit à la corvée ; de-là les désarmemens, au retour de chaque voyage, qui augmentent la dépense dans la Navigation Marchande. Ainsi du nouvel ordre que je propose, il résulteroit de l'économie pour la Marine & le Commerce. Si l'on réformoit aussi la législation dans les Isles, la Navigation y prendroit une marche plus simple ; elle s'établiroit en grand cabotage ; l'Armateur & le Négociant expéditeur des marchandises, auroient des fonctions séparées. Cette subdivision du travail & de la surveillance concurroit à l'économie si nécessaire pour élever la Navigation

Nationale au dégré dont elle est bien plus susceptible qu'on ne l'a pensé jusqu'à présent. Ce sont les actes émanés du Gouvernement qui ont rétréci le cercle dans lequel elle paroît circonscrite.

Si les Réglemens, les Ordonnances qui tiennent la Navigation dans la dépendance des vues militaires, ne sont pas la principale cause de son infériorité, qu'on sente au moins la nécessité de la découvrir avant que de s'occuper à y remédier. A un effet aussi constant que celui de n'avoir pu jusqu'à présent soutenir la concurrence d'aucune Nation, il doit y avoir une cause qui agisse constamment. Inutilement la cherche-t-on dans le luxe de nos marins, dans l'ignorance de nos Armateurs, dans leur cupidité, si l'on le veut ; tout cela ne présente aucune idée satisfaisante. L'intérêt personnel qui meut les François comme tous les autres Peuples, qui agit sur toutes les Professions, sur tous les Etats, auroit découvert aux Navigateurs les moyens de lutter contre les Navigations étrangères, si les obstacles ne procédoient pas du vice des Réglemens & des Ordonnances. C'est à l'Administration à les lever. Quand on veut la fin, il faut vouloir les moyens. On n'étendra le Commerce Maritime & la Navigation qu'en les délivrant de la dépendance militaire.

C'est sans doute une vue indispensable pour le maintien des forces Navales, que de ne pas laisser dans l'inaction la Marine Royale pendant la paix. Cette vue conséquente a déterminé plus d'armemens Royaux qu'il n'y en avoit dans les paix précédentes. C'est aussi par ces motifs qu'on employe des gabarres & des flûtes au transport des munitions Navales. Mais ce mouvement utile augmente fingulièrement les levées de matelots & agrave cet impôt, que je regarde comme deftructeur de la Navigation. Si les armemens Royaux ne peuvent fe faire pendant la paix, qu'en prenant d'autorité les matelots, il faut renoncer à l'accroiffement de la Navigation.

Des primes, des gratifications feroient infuffifantes pour faire lutter la Navigation contre la concurrence étrangère. Dans l'état actuél, elles ne ferviroient qu'à faciliter la défertion de nos hommes de mer. Le matelot, tranfporté dans un Port étranger, déferteroit de fon navire, pour éviter le retour dans fon pays, lorfqu'il fauroit qu'en débarquant, il doit être compris dans la prochaine levée. Les levées continuelles pendant la paix, non-feulement privent le matelot de la faculté de gagner, mais, ce qui eft plus facheux encore, elles lui rappellent fans ceffe le fouvenir de fa dépendance, & des dangers auxquels elle l'expofe en tems de guerre.

La défertion des matelots eft devenue plus fréquente dans nos Ifles, depuis que le Pavillon étranger y eft admis. Au lieu de l'attribuer à la liberté que leur offrent les Américains, comparée à la crainte de la levée à leur retour, on donne pour raifon de cette défertion, le défpotifme des Officiers de la Marine Marchande, & la dureté de leurs traitemens. Mais, fi quelques individus méritent ce reproche, peut-il avoir un effet auffi général? Etoit-il moins mérité autrefois? D'ailleurs l'infubordination du matelot François ne provoque-t-elle pas quelquefois cette dureté prétendue? Et l'Adminiftration ne pourroit-elle pas fe reprocher cette infubordination?

Elle n'exifte pas dans le Cabotage; elle feroit certainement moindre dans les autres parties de la Navigation, si les novices & les matelots étoient engagés pour un terme plus long ; alors la dépendance, comme la justice & la douceur dans le commandement, seroit l'effet des convenances réciproques. Le Capitaine sentiroit d'avantage l'utilité de former & de régler un homme destiné à rester avec lui plusieurs années ; le novice se plieroit aussi plus facilement. L'habitude lieroit intimement l'équipage d'un Navire ; il offriroit alors, comme dans les Navigations rivales, l'image d'un chef de famille avec ses enfans & ses serviteurs ; le François n'est point étranger à ces sentimens.

Il n'en est pas moins vrai que la dureté des traitemens, dans les chefs, doit être réprimée comme l'insubordination ; mais la Police, à cet égard, doit être légale & non arbitraire ; elle ne peut être confiée, sans inconvénient, à un corps militaire. L'insubordination influe sur le prix de la Navigation ; elle est cause que le matelot François travaille moins que ceux des autres Nations, soit du Nord soit du Midi. Cette considération oblige l'Armateur de suppléer à la qualité, par le nombre. Le Matelot ne se croit réellement tenu à la subordination, que dans les Vaisseaux du Roi ; là, il se trouve presque de pair avec ceux qui le commandent sur les Bâtimens Marchands, lorsque ces Navigateurs y font les deux campagnes que les réglemens exigent pour être reçus Pilotes, ou Capitaines dans les Bâtimens du Commerce. Cet apprentissage forcé, humiliant par les formes, n'est pas exigé dans les Navigations étrangères ; & les Marins-pratiques y valent bien les nôtres. L'assujettissement des Officiers Marchands, à la police des

Classes,

Claffes, leur ôte toute confidération de la part des Matelots.

Il y a fans doute beaucoup d'autres charges qui pèfent
fur la Navigation : mais elles ne réfifteroient pas à un fimple
examen, fi l'on s'occupoit de fon amélioration. Je ne fuis
entré dans quelque détail fur les conféquences des levées
de Matelots, & d'ouvriers marins en temps de paix, que
parce que j'attaquois une opinion confacrée par le temps,
& par des formes auxquelles le Département de la Marine,
attache impérieufement le maintien des forces navales. En
fubordonnant ainfi les opérations de la Navigation & du
Commerce maritime, dans tous les cas & dans tous les
temps, à des vues Militaires, on a réellement arrêté leur
développement, dont dépend la force maritime & la profpérité Nationale.

Mais ce ne feroit pas affez, pour étendre la Navigation,
de la débarraffer de tout ce qui la gêne, de tout ce qui
la grève dans l'intérieur ; il faut encore la faire croître à
l'abri de la concurrence des Navigations fupérieures. Il eft
indifpenfable de lui conferver privilégiairement, tous les
moyens d'activité, qui font dans la main du Gouvernement.
L'extenfion même de la Navigation & du Commerce maritime fournira les véritables moyens de les étendre encore.
Méconnoître cette vérité, c'eft repouffer l'expérience de
toutes les Nations Commerçantes. La France ne doit pas
adopter l'Acte de Navigation qui a fi bien réuffi à l'Angleterre ; mais quel intérêt politique s'oppofe à ce qu'elle
réferve exclufivement à fa Navigation, la totalité des
importations & des exportations de fes Ifles à fucre ? Et
fi de cet ordre de chofes il doit réfulter une foule d'avan-

tages, par quelle fatalité y a-t-on renoncé auſſi légèrement, en prononçant, ſans examen , ſans diſcuſſion, l'admiſſion du Pavillon étranger dans ces mêmes Iſles?

Nous devons ſans doute traiter favorablement les Etats-Unis; mais étoit-ce d'après leurs intérêts ſeuls , que nous devions déterminer leurs connexions avec nos Iſles ? Parce qu'ils ſont plus heureuſement ſitués pour la pêche, devions-nous leur ſacrifier les principes de la force maritime? En recevant leur poiſſon dans les Iſles & en France, dans les Ports francs, nous augmentons leur pêche, au détriment de la nôtre; nous les rendons des concurrens redoutables en Navigation.

La pêche eſt la meilleure école des Matelots; elle eſt par toutes les Nations Navigatrices, conſidérée comme la baſe de la force maritime (*). Celle de la Morue ſe reſſent

---

(1) Ne doit-on pas être ſurpris qu'un Auteur, en traitant des intérêts Commerciaux de la France & des Etats-Unis, conſeille au Gouvernement de livrer la conſommation du Royaume à la pêche Américaine. Pour remplacer la formation des Matelots à laquelle ce conſeil donne atteinte, il s'exprime ainſi : « Si » vous avez abſolument beſoin de Matelots qui faſſent leur noviciat au tour des » Ecueils de Terre-Neuve, & dans les mers du Nord, un moyen plus ſimple, » moins coûteux, plus ſûr & ſur-tout exempt de fâcheuſes conſéquences, s'offre » pour les former. Choiſiſſez dans d'honnêtes familles, des jeunes-gens robuſtes, » intelligens; aſſurez-leur une récompenſe perſonnelle ; ſi, après un certain nombre » de voyages faits ſur des vaiſſeaux pêcheurs, ils en rapportent des certificats » de bonne conduite & d'expérience acquiſe par le travail, obligez-les à ne » monter que ſur les Vaiſſeaux des Nations ou des Villes pour leſquelles ces pê- » ches difficiles ſont une reſſource néceſſaire. C'eſt-là qu'ils acquerront de véri- » tables lumières, & que, joints enſuite à nos Matelots exercés par le cabotage & » la pêche ſur vos propres côtes , ils formeront, pour votre Marine Militaire, des » Matelots experts ».

Ce moyen de former des Matelots pour la Marine Militaire , eſt certainement une idée neuve. De même, pourquoi n'enverroit-on pas des jeunes-gens ſervir en Pruſſe ou chez d'autres Nations ; on les rappelleroit par des gratifications ; &

en France, de tout ce qui grève la Navigation, & auſſi de ce que ſes pêcheries ſont éloignées. La Morue de pêche Françoiſe, eſt conſéquemment plus chère que la Morue de pêche Angloiſe & de pêche Américaine. Mais, quelle que ſoit la différence du prix, la conſidération de la force maritime eſt d'une telle importance, qu'il eſt antipolitique de ne pas réſerver à la pêche Françoiſe, la totalité de la conſommation de tout le Royaume, & des Colonies. Si c'eſt un impôt, il eſt motivé par l'intérêt le plus puiſſant, & les Colonies ſont plus intéreſſées qu'aucune autre province, à l'accroiſſement des forces deſtinées à les défendre.

Au lieu des encouragemens dont la pêche Françoiſe avoit beſoin après les ceſſions de la Paix de 1763, l'ouverture des Ports francs dans les Iſles, la reſtreignit dans ce débouché; l'Arrêt du 30 Août 1784 a fait plus; il le lui avoit réellement fermé, par l'admiſſion de l'Etranger. Pour remédier à cet effet de l'Arrêt du 30 Août, le Gouvernement a accordé 10 liv. de gratification, par quintal de Morue de pêche Françoiſe introduite dans les Iſles. Puiſque cette gratification étoit au moins ſuffiſante pour procurer aux Colonies ce poiſſon, au plus bas prix poſſible, par la pêche Françoiſe, pourquoi a-t-on continué d'admettre en concurrence, les Américains & les Anglois? Qu'eſt-il arrivé? Les armemens de S.-Malo & de

---

ainſi ſans avoir eu l'embarras de les diſcipliner, ſans avoir fait la dépenſe de leur entretien pendant la Paix, nous aurions, au beſoin, de quoi compoſer une Armée d'excellents ſoldats tous formés. L'Auteur, au lieu de réfuter le Lord Shéffield, auroit dû, bien plutôt nous donner la traduction de ſon excellent ouvrage. Les détails qu'il contient, ſes réflexions, les principes qu'il établit, ſont réellement inſtructifs.

Granville déterminés par cette gratification ont trouvé, dans les Colonies, les Américains & les Anglais qui, eux seuls, portoient provision suffisante; ainsi il y a eu excès, & le prix a été avili. Les Armateurs des trois Nations ont également perdu. La gratification a donc produit l'effet d'établir dans les Ports des Isles, une lutte entre les pêcheurs des trois Nations, & cette lutte, coûteuse pour le Gouvernement, ne continuera même pas. Les Armateurs François doivent être rebutés de cette tentative, & il passera pour constant qu'ils ne peuvent fournir. L'exclusion des Etrangers accompagnée de gratifications, eût conservé la totalité de cette fourniture à la pêche Nationale, sans gréver les Colonies.

L'Arrêt du 30 Août a été dicté d'après la persuasion que le Gouvernement étoit dans l'impossibilité de pourvoir aux besoins des Colonies par le Commerce, la Navigation & la Pêche de la Nation. Cette erreur, accréditée auprès de l'Administration depuis long-tems, a eu des conséquences bien funestes. Quoi! la Pêche Nationale resserrée dans ses débouchés à l'intérieur, par la franchise du Port de Bayonne, qui a facilité les Versemens du poisson étranger dans le Royaume, resserrée dans ses débouchés en Italie par la concurrence des Américains & des Anglois, est jugée insuffisante pour fournir les Colonies, dont on exagère en même temps la Consommation! Elle ne peut effectivement fournir au même prix que les Etrangers, par toutes les Causes que nous avons déduites, & qu'on peut faire cesser en partie; mais, en attendant qu'on y soit parvenu, on n'a qu'à fermer l'entrée des Isles aux Etrangers, & l'on verra l'effet que produira la grati-

fication ; elle procurera le poiſſon ſalé aux Colonies au-
deſſous du prix des Etrangers. On allégue encore, pour
juſtifier l'Arrêt du 30 Août, que la Morue ne. peut ſe
conſerver dans les Iſles, d'une Pêche à l'autre ; mais eſt-il
néceſſaire d'y emmagaſiner la proviſion annuelle ? Elle
peut s'entrepoſer dans les Ports de France mieux que dans
ceux des Etats-Unis ; aucune ſaiſon n'empêche d'en ſortir,
pour ſe rendre dans les Colonies ; partie pourroit ſe
dépoſer dans les Iſles de Saint-Pierre & Miquelon, d'où
elle pourroit être exportée, lors de la fonte des glaces,
par un Cabotage qui porteroit en retour des Syrops & des
Taffias. Ces Iſles ſont favorablement ſituées pour faire un
Entrepôt de Commerce, & l'on n'en tire aucun parti.
Qu'on s'en rapporte aux combinaiſons de l'intérêt particulier, & l'Approviſionnement des Colonies en Morue ſera
plus aſſûré par le Commerce National, qu'il ne l'eſt par
le Commerce étranger ; qu'on ne doute point de l'étendue
des moyens de la France, & on les trouvera ; mais c'eſt
les atténuer réellement & relativement, que d'avoir recours
aux Etrangers. L'Arrêt du 30 Août tend à accroître leur
Navigation, au détriment de la nôtre.

Ce même Arrêt permet au Pavillon Anglois de porter
les bœufs ſalés d'Irlande, directement dans les Iſles. En
1737, on permit auſſi aux Bâtimens François, qui alloient
dans nos Colonies, de toucher en Irlande, pour y prendre
des bœufs ſalés. Cette permiſſion facilita tellement le
verſement des Marchandiſes de Fabrique Angloiſe que le
Gouvernement fut obligé de la retirer ; au moins avoit-on
conſervé alors le Bénéfice du tranſport à la Navigation
Nationale.

L'Arrêt du 30 Août a eu les conféquences naturelles auxquelles on devoit s'attendre ; cet Arrêt a , dans le fait , partagé la fourniture des Colonies en farine , beurre, &c. &c. entre les Etats-Unis & le Commerce National; celui-ci fera bientôt forcé, par cette concurrence, d'y fufpendre totalement l'expédition de ces articles. Remplacera-t-on facilement ce principe d'activité pour notre Navigation ? Efpère-t-on créer un nouveau débouché à nos productions territoriales ? A-t-on pu fe flatter que les Américains, admis dans les rades de nos Colonies, n'éluderoient pas la défenfe d'y porter de la farine ? Convenoit-il de mettre en concurrence notre Agriculture furchargée d'Impôts, avec celle des Etats-Unis qui n'en fupportent pas, & qui eft plus rapprochée dans fes diftances ? Les intérêts de la Navigation & du Commerce n'ont été ni réfléchis, ni difcutés dans la rédaction de cet Arrêt; l'Adminiftration a été égarée par les follicitations de l'intérêt Perfonnel.

Il eût été plus analogue à l'intérêt National de faire des befoins des Colonies, un moyen d'étendre la Navigation & le Commerce; là où fe porte la Navigation , elle y étend le Commerce ; c'eft un principe connu ; fi l'on jugeoit néceffaire d'établir des liaifons entre les Colonies & les Etats - Unis, au - moins n'auroit-on du les permettre que fous le Pavillon National : alors l'Adminiftration auroit pu donner à ces liaifons l'impulfion convenable ; elle les auroit reftreint à ce qui étoit réellement néceffaire aux Colonies ; elle s'en feroit fervie pour partager le Commerce des Etats-Unis avec les Anglois ; nos liaifons Politiques ne doivent être combinées que fur l'intérêt

National. Quant aux Etats-Unis, nous leur devons feule-
ment de les traiter comme la Nation la plus favorifée;
même d'avantage, fi cela fe peut, fans porter atteine aux
traités avec les autres Puiffances. Dans aucun cas, nous
ne pouvons pas être tenus à leur faire le facrifice de la force
Nationale, & de l'aifance du Peuple; développons cette idée.

Les intérêts des diverfes Provinces qui compofent les
Etats-Unis, ne font pas les mêmes en Commerce; celles
qui font adonnées à la Pêche où qui cultivent principalement le Bled, font naturellement rivales de notre
Agriculture & de notre Navigation. Nous avons moins de
rapports utiles avec elles; &, dès que les liaifons entre les
Colonies & les Etats-Unis ne feront plus confiées qu'au
Pavillon National, il fe portera naturellement plutôt vers
la Caroline, & la Baye-de-Chéfapéack, que vers les Provinces du Nord.

Dans l'Etat actuel des chofes, les relations de nos Ifles
avec les Etats-Unis s'exécutant entièrement fous le Pavillon
des Américains, c'eft leur Commerce qui donne l'impulfion; le nôtre la reçoit. Les Provinces Pêcheufes & Culti-
vatrices en Bled, font en même-tems Navigatrices; ainfi
la Navigation Américaine tend continuellement à exporter
le poiffon falé, les farines & autres productions territoriales. Tant que le mouvement du Commerce *fera ainfi
dirigé*, la contrebande aura plus d'activité; elle attaquera
plus vivement notre Pêche & notre Agriculture, dans la
confommation des Ifles, & elle parviendroit à les repouffer
totalement de ce débouché.

Suppofons le Pavillon Américain exclus des Colonies,
les relations qui feront permifes fous Pavillon François

recevront alors l'impulſion du Commerce National ; l'Armateur François, ne pouvant importer ni Morue ni Farines étrangères , ſe portera naturellement vers la Caroline, pour en exporter du riz, & vers la Baye de Chéſapéack, pour y prendre des bois, qui ſont les ſeuls articles qui puiſſent raiſonnablement ſervir de prétexte aux connexions entre nos Colonies & le Continent Américain. Il ſeroit cependant facile d'y ſuppléer ; mais, ces connexions pouvant nous fournir les moyens d'étendre notre Navigation & notre Commerce chez les Américains, il eſt plus ſage de les reſtreindre, & de leur donner cette direction que de les faire ceſſer.

On ne peut ſe diſſimuler le danger de la contrebande ; mais auſſi l'on ne doutera pas qu'elle ne ſoit plus facile à ſurveiller ſous le Pavillon National, que ſous le Pavillon étranger. On peut interroger les Equipages de Bâtimens ſuſpectés de la faire ; le tiers de la ſaiſie accordée aux Délateurs augmenteroit le riſque ; d'ailleurs une amélioration générale de la Navigation & du Commerce en diminueroit le Bénéfice. Les tentatives du contrebandier feront toujours combinées d'après les riſques & les bénéfices. L'Armateur François n'auroit pas le même intérêt à procurer le débouché des produits des Etats-Unis, que l'Armateur Américain ; la crainte de la confiſcation agiroit plus ſur lui ; il veilleroit lui-même ſur les écarts du Capitaine qui pourroient le compromettre. Suivons le mouvement de la Navigation ainſi dirigée, nous en apprécierons mieux tous les avantages.

Nos Iſles ne peuvent jamais avoir d'autre Navigation qu'un Cabotage intérieur ; les armemens y ſeroient trop
diſpendieux ;

dispendieux; ils ne pourroient avoir pour but que des versemens frauduleux, & la composition de leurs Equipages en rendroit l'Inspection difficile; ainsi il seroit conséquent, pour gêner la contrebande, de ne permettre la Navigation entre les Colonies & le Continent Américain, qu'aux Navires armés dans nos Ports d'Europe.

Nos Bâtimens, partant de Bordeaux & de Marseille ou d'ailleurs pour les Etats-Unis, avec un fret de marchandises quelconques, auroient, dans les Ports Américains, le Privilége d'un fret, pour nos Colonies, en Merrain, Bois de charpente, ou riz; arrivés là, ils y chargeroient, en productions du pays, pour revenir en France.

Suivons l'Armateur François, dans cette Navigation, par un autre circuit; s'il se rencontre dans nos Isles plus de Bâtimens qu'il n'y a de productions à exporter, ils n'ont d'autres ressources que de retourner à vuide; ce qui est ruineux : ou d'attendre sur rade; ce qui est dispendieux, & expose plus long-temps les Matelots, aux intempéries de l'air d'un climat excessivement chaud & mal-sain. Dans la supposition que j'ai établie, plusieurs de ces Bâtimens prendroient un fret en syrops & taffias pour le continent Américain, & en rapporteroient les objets permis; au lieu d'une inaction dispendieuse & dangereuse dans les rades Coloniales, cette communication les emploieroit utilement. Ainsi l'exclusion du pavillon étranger dans les Colonies, & la direction que je propose de donner à leurs relations avec les Etats-Unis, procureroient une grande extension à la Navigation, diminueroient le prix du fret par la multiplicité des escales, & mettroient notre pavillon en état de soutenir la concurrence du pavillon Américain, même dans les connexions

E

entre les Etats-Unis & la France. De-là réfulteroit encore le moyen de partager avec les Anglois, le Commerce qu'ils font avec les Américains. Là où la Navigation fe porte, elle établit naturellement le Commerce National.

L'Arrêt du 30 Août eft loin de procurer de tels avantages ; il tend pofitivement à élever la Navigation des Américains, au détriment de la nôtre ; il lui donne une impulfion qui attaque effentiellement le Commerce National ; il compromet la fource de nos richeffes. Dans l'état actuel, notre pavillon ne peut fe montrer fur leurs côtes, & le Commerce maritime n'exifte utilement que pour le peuple Navigateur.

La Navigation eft chère ; le fyftême Commercial eft vicieux. Eft-ce l'admiffion du pavillon étranger qui pouroit remédier à ces maux ? Des hommes qui ne voyent l'intérêt public que dans le cercle étroit qu'ils tracent autour d'eux, ont pu le foutenir ; mais l'Adminiftration devoit-elle les prendre pour guides ; & des difcuffions publiques n'auroient-elles pas du précéder des décifions auffi importantes ?

Je crois avoir démontrée que la Navigation n'étoit pas ordonnée en France conformément au but qu'on fe propofe. Par tout où les forces navales n'auront pas pour bâfe une formation de Matelots qui y foit relative, elles feront plus apparentes que réelles. D'autres intérêts puiffants invitent encore le Gouvernement à diriger fes vues vers cet objet intéreffant. La Navigation confidérée comme travail, tant par les hommes de mer & les ouvriers de toute efpéce qu'elle falarie, que par fes confommations en tout genre, eft un des moyens d'accroître l'aifance du peuple ;

considéré comme transport de Marchandises chez les Nations étrangères, son infériorité influe sur la balance Nationale ; mais c'est sur-tout par son impulsion sur le Commerce, qu'elle mérite d'être encouragée. La France se ressentira long-temps d'avoir négligé sa Navigation ; elle doit à cette cause plus d'une guerre malheureuse. Il est pressant d'adopter les vrais principes de son amélioration. Confiée au Département de la Marine, comme le Commerce maritime, cette direction a détruit les germes au lieu de les féconder. Je vais actuellement tâcher de démontrer que les Colonies ont également besoin de l'attention du Gouvernement. Si le Commerce n'est pas en France dans un état de force & de prospérité, ce n'est ni aux hommes ni aux choses qu'il faut s'en prendre.

SUR LES COLONIES.

Les Colonies Françoises sont, de toutes les possessions Européennes dans l'Amérique, les plus précieuses ; ce sont elles qui augmentent le plus les richesses relatives de leur Métropole. Elles procurent à l'Agriculture, & à la main-d'œuvre Nationale, un débouché qui anime toutes les parties du travail ; & leurs productions, que les Nations Européennes appellent, fournissent à la France des moyens d'échange avec les Etrangers, que les produits du Royaume ne pourroient remplacer.

Les Colonies n'ont jamais pu être considérées, ni comme un sol esclave, ni comme un sol indépendant. Ces mots dont on s'est servi, en traitant de leurs intérêts, ne présentent aucune idée qui leur soit propre. Ce que les Colons peuvent raiſonnablement demander , c'eſt qu'elles ſoient traitées comme les Provinces. Comme telles , le Gouvernement leur doit le régime qui leur convient ; mais auſſi, comme les Provinces, elles doivent être ſubordonnées à l'intérêt National. Ce même intérêt, bien entendu, ne permet pas qu'aucune partie de l'Empire ſoit ſacrifiée aux autres; ce ſeroit une vexation, une violation du droit ſocial. Lorſque l'intérêt public exige des ſacrifices d'une partie, le Gouvernement doit rétablir l'équilibre par des compenſations. Le fardeau comme les ſecours, doivent être répartis avec égalité. Il n'eſt aucun Colon qui puiſſe réclamer contre les principes ſur leſquels j'établis l'union des Colonies avec la Métropole ; il ne s'agit donc que de déterminer quel eſt l'intérêt de l'Etat.

Le Commerce avec les Colonies , peut ſe conſidérer comme opérant l'aiſance du peuple par le travail , & la richeſſe Nationale , par les échanges de leurs productions avec les Etrangers; or , ſous ces deux rapports, on ne peut abandonner une partie du mouvement dépendant de ce Commerce aux Nations étrangères, ſans leur tranſmettre une partie de nos moyens de proſpérité. Il peut convenir aux Colonies de Commercer directement avec toutes les Nations ; mais l'intérêt de l'Etat exige impérieuſement, que l'on conſerve en entier leur ſervice Commercial pour la Navigation & au Commerce National. L'intérêt général exige, auſſi, qu'on faſſe parvenir les Colonies à leur plus grande proſpérité poſſible ; mieux elles ſeront cultivées, plus elles animeront la Navigation, & plus la Nation aura de moyens d'échanges avec les Nations étrangères.

Il eſt encore une vue générale, qui mérite une attention

particulière. La culture peut augmenter prodigieufement dans les poffeffions Européennes fituées entre les Tropiques ; la confommation de leurs productions en Europe., ne peut s'étendre dans la même proportion ; &, tôt-ou-tard, nous arriverons à un terme où ces productions excéderont la confommation ; alors les prix s'aviliront, & de nouveaux défrichemens ne feront plus poffibles. A cette époque, la Colonie qui fera la mieux établie, qui jouira de l'adminiftration la plus raifonnable, fera celle qui foutiendra le mieux le choc d'une pareille révolution ; ainfi il importe à la chofe publique, que des poffeffions qui ont tant d'influence fur l'aifance du peuple, foient promptement conduites à la profpérité dont elles font fufceptibles. C'eft là le feul but qu'on a eu en vue dans l'Arrêt du 30 Août.

Mais pouvoit-il remplir ce but, fans nuire à la Navigation & au Commerce ; &, fi leur infériorité en France ne tient pas à la nature des chofes, n'étoit-ce pas par leur amélioration qu'il falloit concourir à la profpérité des Colonies ? On eût fervi par là l'intérêt général ; mais, livrer une partie de la Navigation des Colonies aux Etrangers, parce que la Navigation Nationale étoit mal-ordonnée, ce n'étoit pas diminuer le mal public ; c'étoit l'aggraver. L'Adminiftration n'a pu recevoir ce confeil, que de l'intérêt particulier. Par l'Arrêt du 30 Août, elle a affoibli les moyens qui étoient dans fa main, d'étendre le Commerce & la Navigation. S'il étoit néceffaire de permettre des connexions entre les Ifles & les Etats-Unis, l'intérêt public exigeoit, au moins, qu'elles ne fuffent jamais permifes que fous le pavillon National.

Avant la guerre de 1755, il y avoit une communication

entre Louis-Bourg & les Ifles; il n'y avoit alors, nulle admiffion de pavillon étranger, dans les Colonies Francoifes;
il fe faifoit de la contrebande aux Ifles du Vent; elle étoit
facilitée par la proximité des poffeffions des Anglois, dont
le Commerce eft depuis long-temps fupérieur à celui de
la France. Il s'en faifoit peu à S.-Domingue; les Loix prohibitives étoient févères; & cependant la progreffion de
ces Ifles depuis 1720, avoit été prodigieufe, fur-tout pour
S.-Domingue qui étoit réellement dans l'enfance avant cette
époque.

Peu après la Paix de 1763, on jugea néceffaire d'ouvrir
des Ports francs aux Anglois. Leurs Colonies de l'Amérique
Septentrionale s'emparèrent naturellement de la Navigation,
à laquelle ces Ports francs donnèrent ouverture. Les Anglois
n'auroient pas permis, à notre Pavillon, d'aller fe pourvoir
dans leurs Ports. Cette Navigation reçut promptement
une grande extenfion, & dès lors porta atteinte à la nôtre.
Il étoit défendu aux Anglo-Américains de porter dans
ces Ports francs, de la morue, de la farine, du beurre,
de la bougie & autres objets; cependant c'étoit le fonds
de leur Cargaifon. La progreffion fucceffive de nos Ifles,
empêcha d'obferver combien cette tolérance exceffive nui-
foit au Commerce & à la Navigation, qui auroient dû
fuivre la progreffion des Cultures; & les abus continuèrent.
Lors de la rupture des Colonies Angloifes avec leur
Métropole, cette communication fembloit avoir un but plus
Politique; mais toujours eft-il vrai que, dans l'ouverture
des Ports francs, le Gouvernement n'a pas foigné les
intérêts de fon Commerce, & que les Adminiftrations
Coloniales n'on pas jugé que les abus fuffent nuifibles à

l'intérêt National, puifqu'ils n'ont pas été réprimés. Les Importations & les Exportations n'ayant pas été bornées à ce qui étoit prefcrit par les Arrêts, qui établirent ces Ports francs, ils ont, dans le fait, arrêté la progreffion de la Navigation & du Commerce. Les Anglois recevoient, dès lors, par leur Navigation, de fortes parties de fucre, caffé, cotton & indigo, des poffeffions Françoifes.

On devoit s'attendre qu'à la Paix de 1783, la France rendroit à fa Navigation la totalité des tranfports de fes Ifles, & à fon Commerce la totalité de leurs fourni-tures ; & que le Pavillon Etranger n'y feroit plus admis. L'Arrêt du 30 Août 1784, fit évanouir ces efpérances; au lieu des Ports francs, on les admit dans les principales rades. On s'eft flatté que les contraventions feroient moindres ; &, d'ailleurs, on juftifie cet Arrêt, en allé-guant que la Navigation Françoife n'a pas diminué dans les Ifles.

Les contraventions ne peuvent fe prouver par des états d'entrée & de fortie; mais, fi l'Adminiftration les ignore, c'eft dans les Ifles Angloifes & Hollandoifes, c'eft dans les Etats-Unis, qu'elle fe procurera la preuve que toutes les productions de nos Ifles ne font pas réfervées à la naviga-tion Françoife, & que les Exportations clandeftines font de nature à mériter fon attention. Elle peut être informée, dans les Ifles mêmes, de la quantité de farines & autres productions que les Etrangers introduifent, en contraven-tion à l'Arrêt. Les Chambres de Commerce ont dénoncé ces abus; mais leurs repréfentations font taxées d'exagé-ration. Or, fi ces abus exiftent dans le début de cette nouvelle loi, dans le temps même où le Miniftre dont elle émane, donne les ordres les plus rigoureux pour les réprimer, que ne doit-on pas craindre, lors d'un relâchement auquel on doit s'attendre !

Il eft certain que les Etrangers prennent part, dans nos Ifles, au Commerce qu'on a prétendu réferver, par l'Arrêt, à la Navigation Nationale, & l'on ne peut pas être indifférent à fes conféquences : quand il feroit vrai que la Navigation avec les Ifles n'auroit pas diminué, on ne peut pas fe diffimuler que cette Admiffion du Pavillon Étranger la prive de l'accroiffement dont elle devroit jouir. D'ailleurs, là où le Commerce fe fait avec perte, il ne peut fe continuer ; & les Expéditions pour les Colonies feroient déjà diminuées, fi les Armateurs avoient un autre Emploi de leurs navires. Les laiffer dans les Ports feroit une perte affurée ; les Armateurs tentent d'expédier leurs bâtimens, parce qu'ils les ont. Pour éviter une perte certaine, ils s'expofent à une perte probable. Les faits prouvent que, fi quelques Expéditions ont donné du bénéfice, le plus grand nombre a donné de la perte. Qu'on examine ce qui fe paffe dans les Ports, & l'on apprendra que, lorfqu'on y met des Navires en vente, ils font adjugés au trois-quarts, au deux tiers, quelquefois à moitié de leur valeur intrinféque. La conftruction eft fufpendue. Les Navires qu'on voit encore fur les chantiers y font depuis un, deux & trois ans ; ils appartiennent, pour la plupart, à des Conftructeurs qui, étant dans l'inaction, ont entrepris ces conftructions pour leur compte. Quelques-uns de ces bâtimens ont été vendus à perte, fur les chantiers mêmes. Je n'entends parler ici que de ceux dont la conftruction indique la deftination pour nos Ifles, & non de

ceux

ceux deſtinés pour le Cabotage. Ces faits dépoſent contre la proſpérité actuelle de la Navigation; ils en indiquent l'anéantiſſement.

L'impuiſſance prétendue où eſt la France, de pourvoir aux beſoins de ſes Colonies, a dicté l'Arrêt du 30 Août. Cette prévention, en arrêtant les recherches pour découvrir les cauſes de notre infériorité, s'eſt oppoſée réellement aux améliorations. L'Angleterre n'a aucun avantage naturel dont nous n'ayons au moins l'équivalent; c'eſt à la manière dont elle a ordonné ſon Commerce, qu'elle doit ſa ſupériorité. Aucune vue fiſcale ne la guide dans l'Adminiſtration de ſes Colonies; elle ne les conſidère que comme des moyens de faire fleurir ſon Commerce, & comme des points d'appui pour l'étendre dans les Colonies des Nations voiſines.

La France, au contraire, calcule les Droits qu'elle perçoit ſur les ſiennes. Les Droits de ſortie, aux Iſles du Vent, ſont légers; mais ils ſont très - forts à Saint - Domingue. Toutes les productions des Iſles ſont aſſujetties, en outre, à leur débarquement dans les Ports du Royaume, au Droit connu ſous le nom de Domaine d'Occident, & celles qui ſont envoyées à l'Etranger, n'en ſont pas exemptes. Ces Droits réunis s'élévent à dix pour cent. On ne connoît dans les Colonies Angloiſes, ni en Angleterre, aucun Droit équivalent. (1) Ainſi le prix du marché en Angleterre, eſt toujours plus élevé, qu'en

____

(1) Le Droit à la ſortie, dans les Colonies Angloiſes, eſt de 4 p. ⚬⁄₀ ſur une eſtimation modérée, qui les réduit à 2; & les productions qu'ils ſe procurent par le Commerce avec les Iſles étrangères, en ſont exemptes.

F

France; &, par la-même cause, il est également plus élevé dans les Colonies Angloises que dans les Colonies Françoises. De-là est né le désir des Colons François de commercer avec les Colons Anglois : de-là, cette Exportation clandestine vers les Colonies Angloises ; &, si cette cause se trouve réellement renforcée par plusieurs autres, il est aisé de concevoir pourquoi le Commerce National est si facilement repoussé, dans les Isles, par le Commerce Etranger.

Non seulement l'Angleterre a modéré les Droits sur les Productions de ses Isles ; elle fait plus encore ; elle emploie avec sagacité les gratifications ; elle en accorde sur l'indigo que ses Bâtimens lui apportent de ses Isles, & la Jamaïque lui en fournit beaucoup, quoique cette Colonie n'en cultive plus. Cette Isle en reçoit par le Commerce interlope, qu'elle fait avec la partie du sud de S.-Domingue. Le *Drawback*, que les sucres rafinés en Angleterre, reçoivent à la sortie du Royaume, est calculé pour devenir une très-forte gratification. Son effet est d'assûrer aux Colons Anglois, le plus haut prix au marché de Londres ; & cependant, de mettre le Rafineur Anglois, en état d'avoir la préférence du débit dans tous les marchés étrangers. Ainsi, tandis que la France impose ses Colonies par des droits sur leurs productions, l'Angleterre gratifie les siennes. Son but est de les maintenir dans la prospérité, d'en assûrer toutes les fournitures à son Commerce, tous les transports à sa Navigation, & encore de donner l'impulsion à un Commerce interlope dans nos Isles & les Colonies Espagnoles. Quand l'Administration Françoise auroit défiré de concourir à ce but, elle n'auroit pas agi différemment.

Le feul impôt que devroient payer les Ifles à fucre, eft le privilége de tout leur Commerce, en faveur de la Navigation & du Commerce National. Toute autre contribution aux dépenfes publiques, contrarie le bien général. Elles doivent procurer par leurs confommations, le débouché du travail & des productions des autres Provinces ; or ces productions ont été fortement impofées. L'obligation de les préférer doit être la feule contribution des Ifles. Qu'on réfléchiffe fur ces droits, indirectement établies, & fur toutes les charges & gênes que fupportent la Navigation & le Commerce, & l'on trouvera les véritables caufes de notre infériorité. Leur effet a été de comprimer le Commerce, d'arrêter les progrès de l'Agriculture Coloniale, & de faire paffer une partie de fes productions par le Commerce étranger. Celui-ci ne fe les procure qu'en échange des produits de fon Agriculture, & de fa main-d'œuvre ; il n'eft pas facile de calculer combien ces erreurs ont arrêté l'accroiffement du capital National , combien elles ont augmenté celui de nos rivaux ; & cet accroiffement de richeffes, a formé chez eux une maffe de puiffance, à laquelle nous n'avons pu réfifter que par des dépenfes énormes, dont les conféquences font aujourd'hui défaftreufes. Dans les Colonies, on ne défire l'admiffion du Pavillon Etranger , que d'après la comparaifon de la fituation de leur Commerce , avec celui des Colonies rivales. La différence dans les prix, exifte réellement. En examiner les caufes, c'eft indiquer les moyens de *les* faire difparoître ; j'ai déjà obfervé l'effet des droits prélevés en France, &

des gratifications accordées en Angleterre. Je pourfuis.

Les Ifles à fucre ne font que des établiffemens de Commerce ; le Gouvernement doit leur donner des Loix & une Adminiftration qui leur foient propres.

L'incertitude dans l'époque des paiemens a été dans tous les pays , un des plus grands obftacles à l'extenfion du Commerce ; confidérée dans fes effets, elle eft un mal public, qui néceffite l'attention du Gouvernement. Dans les Colonies, elle a retardé les progrès de la culture. Il ne peut y avoir de confiance ni de crédit, là où le débiteur peut éloigner, à fon gré, le terme de fes engagemens ; & les cultures Coloniales, ayant un but différent des cultures Européennes , exigent une Légiflation particulière. Les fubfiftances n'en font pas le principal objet. Pour trouver des confommateurs de leurs produits, il faut les tranfporter dans un autre hémifphère ; ces cultures néceffitent beaucoup de machines, beaucoup d'animaux , qui ne s'élévent pas fur le même fol , & des Cultivateurs qu'on fait venir d'un continent éloigné. Une grande partie des fubfiftances & des confommations proviennent d'un autre climat ; ainfi un planteur des Ifles à fucre a néceffairement un grand mouvement d'affaires ; fes achats font de conféquence ; &, quoique fes produits viennent de la terre, on peut mieux le comparer à un Entrepreneur de Manufactures, qu'à nos Cultivateurs d'Europe.

Les Loix & la Jurifprudence euffent dû fe plier à cet ordre de chofes ; c'eft parce que les Planteurs ont befoin, plus qu'ailleurs, des reffources du crédit, pour parer aux viciffitudes des récoltes, pour remédier aux événemens fâcheux, fi fréquents dans ces climats , qu'il eft néceffaire que les Loix & la Jurisprudence maintiennent l'exactitude des paiemens. La certitude d'être payé, peut seule appeller les fonds des capitalistes de la Métropole, qui vivifieroient les cultures Coloniales. Là où la confiance repose sur l'action des Loix, l'homme qui posséde & qui doit trouve facilement un prêteur qui lui fournit le moyen de s'acquitter, au terme de ses engagemens, lorsque ses produits l'ont trompé dans ses espérances. Nos Entrepreneurs de Manufactures, avec un capital de 3 ou 400,000 liv., ne se procurent-ils pas, sans indiscrétion, un crédit de pareille somme? La confiance qu'ils inspirent, leur fait trouver de nouveaux prêteurs, pour rembourser les autres. Cette confiance est l'effet de l'activité des moyens pour les contraindre; si l'inconduite, l'indiscrétion dans leurs entreprises, ou leur incapacité ont détruit leurs facultés, ils en supportent la peine, par la perte de leur fortune.

Dans les Isles, ce sont les créanciers qui sont punis des fautes ou des erreurs de leurs débiteurs; il n'est que trop fréquent d'y voir des Colons qui doivent plus qu'ils ne possédent, & qui, cependant, touchent & mangent la totalité d'un revenu qui ne leur appartient plus. Le créancier y est à la merci du débiteur; la Jurisprudence s'y est prêtée; les Magistrats se sont persuadé que le bien public l'exigeoit; ainsi l'abus est poussé jusqu'au scandale. Loin de lier la Métropole avec les Colonies, on nuit à leurs liaisons réciproques; & son Commerce sur les côtes Coloniales, ressemble bien plus à celui qu'elle fait dans les Echelles du Levant, qu'aux liaisons commerçantes entre des Provinces soumises au même Souverain.

Il est inutile d'entrer dans le détail des injustices multipliées, qui naiſſent de ces abus. Ils aliénent le Colon, qui eſt preſque toujours débiteur du Commerçant, qui eſt preſque toujours créancier ; ils nuiſent eſſentiellement à l'extenſion du Commerce National , & s'oppoſent à l'amélioration des cultures Coloniales ; je m'arrêterai ſur une des ſuites les plus funeſtes de ces abus, qui eſt d'influer ſur le prix des objets que la Métropole envoie. Au prix réel qui ſe reſſent , là comme ailleurs, des variations occaſionées par l'abondance ou la rareté, ſe joint l'augmentation néceſſairement cauſée par l'incertitude du paiement. Ainſi une partie de la différence des prix comparés à ceux des Colonies étrangères , eſt une ſuite des vices de la Légiſlation. Le crédit eſt cher, par tout où il n'y a pas de moyens de contraindre à l'exactitude. Le débiteur cherche à s'en dédommager par un retard forcé ; mais tout cela ne fait pas compenſation, parce que l'abus eſt en raiſon du plus ou du moins de délicateſſe des individus ; d'ailleurs il réſulte que les débiteurs exacts ont payé trop cher , & qu'ils ſont par là, injuſtement chargés de dédommager pour ceux qui payent mal , où qui finiſſent , après avoir long-temps éludé le paiement, par faire Banqueroute à leurs créanciers.

Une autre conſéquence de ces abus, eſt de favoriſer le luxe & toutes les dépenſes indiſcrettes. Le luxe provoque des conſommations ; & , ſous ce rapport, on le conſidère réellement, comme moteur du travail ; mais, dans le travail, il exiſte des gradations d'utilité relativement à la choſe publique. Si, conſidéré politiquement, il y a une grande différence entre l'effet du capital employé à conſtruire une jolie Maiſon ſur les Boulevards de Paris, & la même ſomme employée à relever les Bâtimens ruraux des métairies , à faire des avances aux Fermiers pour élever plus de Bestiaux ; enfin, à faire à la Campagne des travaux utiles ; de même , l'effet des dépenses frivoles des Colons , est bien différent de celui des mêmes sommes employées à améliorer la culture de leurs plantations. Dans ces divers emplois , il y a également dépense & travail ; mais les unes peuvent être qualifiées de dépenses stériles, & les autres de dépenses productives. Celles-ci contribuent à l'accroissement du capital de la Nation , en augmentant les moyens d'échange avec les Etrangers , & les autres font la source d'un désordre qui augmente progressivement , & qui , en répandant la méfiance , nuit à la circulation. Pour réprimer cet excès , je n'invoquerai pas l'intervention des Loix somptuaires ; ou elles font éludées, ou elles gênent la liberté. Mais le Gouvernement a dans fa main , des moyens , plus simples & bien plus justes , de s'opposer à cette espéce de luxe. Que , dans les Colonies, il donne de l'action aux Loix ; qu'il les modifie conséquemment à la nature des cultures ; qu'il réforme les abus de la Jurisprudence ; qu'il raméne l'exactitude dans les paiemens , par là il mettra un frein aux dépenses qui ne se font que trop souvent au préjudice des créanciers. Le luxe ne doit être qu'une des conséquences fâcheuses de la richesse ; en France, provoqué par la vanité, il n'est que trop souvent poussé au - delà des facultés réelles. Qu'on laisse l'inconsidéré , le fastueux se ruiner, ils usent de leur liberté ; mais les Loix doivent s'opposer, autant qu'il est possible , à ce que leurs créanciers ne soient pas les victimes de leurs excès ; & leur action , raprochant la punition naturelle de la faute , est la meilleure barrière qu'on puisse oppofer aux progrès du luxe.

Je reviens à mon fujet. La traite des Noirs eft la branche de Commerce de nos Ifles, la plus importante. Dans l'état d'accroiffement où elles font encore, on ne pourroit la céder aux Etrangers, fans altérer fenfiblement la balance Nationale. On peut en juger, puifqu'elle fe monte annuellement, pour la feule Colonie de Saint-Domingue, de 40 à 50 millions, valeur des Ifles. Cette branche de Commerce, qui jouit particulièrement de la faculté d'employer les Marchandifes étrangères, a pris infénfiblement une direction plus Nationale; elle n'en employe peut-être pas aujourd'hui, pour plus de fix millions tournois; & fi le régime Commercial, dans l'intérieur, étoit réformé, on peut prévoir qu'elle fe feroit en entier, avec les productions de notre fol, & de notre main-d'œuvre.

Indépendamment de l'influence de la traite des Noirs, fur le mouvement du Commerce du Royaume, il eft inconteftable que, le partager avec les Etrangers, eft leur donner un droit réel aux récoltes des Ifles; c'eft provoquer l'exportation clandeftine de leurs productions. On ne peut fuppofer vente fans paiement. Cependant on a propofé de la leur céder entièrement; car les admettre en concurrence, eût été prononcer de fait, l'exclufion du Commerce National. Si les Armateurs François avoient ceffé de porter des Noirs aux Ifles du Vent, il n'en falloit pas conclure, comme on l'a fait, que ces Colonies n'en recevoient plus. C'eft l'exportation frauduleufe des Anglois & des Hollandois qui avoient repouffé la nôtre; &, fi la contrebande eût été auffi facile à S.-Domingue, le Commerce de

la

la traite eût paſſé entièrement entre les mains des Anglois.
Les conféquences ſont faciles à ~~en~~ tirer.

Au reſte la différence dans les prix, des Iſles Angloiſes
aux nôtres, eſt en apparence exceſſive; cauſée par les vices
du régime Commercial tant en France que dans nos Iſles,
on ſe tromperoit, ſi l'on jugeoit que cette différence eſt
entièrement à la charge du Colon. Il a été déjà obſervé
que les Débiteurs exacts étoient quelquefois réellement
léſés, par l'effet général ſur les prix, de cette incertitude
dans les paiements qu'on ne peut attribuer qu'à l'inſuffi-
ſance des Loix dans les Colonies. J'ajoute qu'une des cauſes du haut prix, dans quelques Cantons, eſt le paiement
en denrées; qu'en mettant de l'arbitraire dans la manière
de s'acquitter, ce mode de paiement rendoit les valeurs
idéales, & devenoit l'équivalent d'une altération dans les
monnoies.

Pour rendre plus ſenſible cet effet général ſur les
prix, cauſé par les vices de la Légiſlation & de la Juriſ-
prudence, je citerai qu'on offre inutilement dix pour
cent, pour garantir de la ſolvabilité & de l'exactitude
des Débiteurs dans la vente des Négriers; & que là où les
paiements ſe font en denrées ou productions en nature,
on ne trouveroit perſonne qui voulût garantir ces ventes,
en valeurs réelles, pour vingt pour cent. Qu'on applique
le calcul de cette garantie à la différence des prix, &
elle ceſſera de paroître exceſſive; c'eſt ainſi qu'il eſt impoſſible de faire des rapprochemens juſtes, ſur les prix, ſans
rapprocher les modes de paiement. Ceux en uſage dans
nos Iſles, & injuſtement autoriſés, changent tous les
rapports Commerciaux; ils ne ſont pas uniformes; ils

G

varient même à Saint-Domingue , fuivant la Jurifprudence adoptée par les deux Cours Souveraines qui y font établies. L'Adminiftration a toujours négligé d'écouter les repréfentations des Chambres de Commerce fur ces abus. Je me borne ici à citer qu'ils exiftent, & à démontrer leur influence fur les prix des Négres comparés à ceux des Ifles Angloifes.

Il eft, fans doute, plufieurs autres caufes que l'inexactitude des paiements, & les Droits perçus fur les denrées Coloniales, qui influent fur le prix des Noirs de Traite Françoife comparés à celui de Traite Angloife. La cherté de la Navigation, par les caufes que nous avons déduites, & le haut prix de l'intérêt de l'argent en France, portant fur toutes les opérations de Commerce, renchériffent tout. D'ailleurs l'Adminiftration Françoife n'a pas foigné, comme les Anglois, & multiplié fes établiffemens fur la Côte de Guinée ; fi nous en avons quelques-uns, la faveur en nomme les Directeurs ; la furveillance ne les fuit pas, & il eft ordinaire qu'ils y foient bien plus occupés de leurs affaires particulières, que de protéger le Commerce de la Nation. La voix des repréfentants parvient rarement à fe faire entendre. Il eft au moins certain que l'Angleterre n'a aucun avantage naturel, fur la France, pour cette Traite, & que fon Adminiftration feule lui a procuré la fupériorité dont elle jouit.

Si les Anglois ont acquis une grande prépondérance dans cette branche de Commerce, ils la doivent principalement au bon marché qui eft toujours la conféquence de l'extenfion. Pour l'accroître encore, il ne leur manque que de nouveaux débouchés ; leur en offrir dans nos Ifles, c'eft produire le

double effet de diminuer le principe de notre activité, &
d'augmenter la concurrence, au préjudice de nos Armateurs
sur les Côtes de Guinée. On avoit allégué, au commencement
de cette paix, que le Commerce de la traite étoit à son
dernier période en France; qu'il ne pourroit s'élever juf-
qu'aux befoins des Ifles; cependant depuis cette allégation,
il a prefque doublé. Qu'on le délivre de la concurrence
étrangère, il augmentera relativement au débouché qui
lui fera offert (1), & fi l'on veut que les Colonies n'en
fouffrent pas, il n'y a qu'à réformer le régime Commercial
en France & dans les Ifles. Le Gouvernement peut rendre,
quand il le voudra, le Commerce de la France fupérieur à

---

(1) Avant la guerre dernière, les Efpagnols achetoient, à S.-Domingue,
une grande quantité de Négres; ils les payoient comptant en piaftres. Depuis la
paix, les Colons ont défiré qu'il ne fût plus permis aux Efpagnols d'acheter des
Noirs dans nos Ifles; &, d'après leur demande, cette exportation a été défendue.
Qu'a produit cette défenfe? Elle a renvoyé les Efpagnols fe pourvoir dans les
Ifles Angloifes, & elle a privé nos Colonies d'un moyen naturel d'y appeller le
numéraire. Ce qui étoit le plus à défirer pour nos Colons, eft que le marché
fût abondamment pourvu. C'eft une vue étroite que de penfer qu'en reftreignant
le débouché, ils obtiendroient le Négre à meilleur marché. Dans cette année
même (en Juin 1787), où l'on fe plaint amèrement du défaut de numéraire, on
a refufé à des Bâtiments de la Louïfiane, la permiffion d'acheter des Négres avec
leurs piaftres, en alléguant l'Article II. de l'Arrêt du mois d'Octobre 1785,
qui défend expreffément d'exporter des Colonies pour l'Etranger, ni Marchandifes
ni Négres. Dans l'état ancien, lors de la plus ftricte prohibition du pavillon
étranger, le Pavillon Efpagnol étoit toléré ouvertement, parce qu'il ne pouvoit
apporter que du bois de Campêche, des Cuirs & des Piaftres, tous objets qu'il
nous importoit d'attirer. L'Efpagnol ne défiroit remporter que des Marchandifes
manufacturées, du Savon, de l'Eau-de-vie, des Négres; ce Commerce nous
étoit fingulièrement avantageux. Dans l'état actuel, c'eft le feul Pavillon qui foit
exclus de fait, puifqu'on lui défend d'exporter ce dont il a befoin, & ce qu'il
nous convient fi fort d'échanger contre fes piaftres. Il eft difficile de concevoir
quels font les motifs qui ont déterminé cette exclufion.

celui des autres Nations; qu'il adopte les mesures qui y font propres, & qu'il les fasse suivre avec constance.

Les plaintes des Colonies sont fondées à plusieurs égards; mais on peut leur reprocher de l'exagération. J'observe qu'aux Isles du Vent, où la fraude a toujours été plus facile, & conséquemment plus considérable, où le Commerce National ne porte pas de Noirs; où conséquemment il est moins Créancier; où les Etrangers, qui le remplacent ne font que peu ou point de crédit; les Négres y sont moins chers; mais aussi le prix des productions Coloniales y est moins élevé, & la Culture n'y prospère pas plus qu'à Saint-Domingue.

J'observe encore que, de toutes les parties de l'Isle de Saint-Domingue, celle du Sud qui avoisine le plus la Jamaïque, & qui, depuis long-tems, a des connexions trop étendues avec cette Isle Angloise, est cependant celle qui a le moins prospéré. Tout prouve que ce font les avances que fait le Commerce National, qui font réellement prospérer les Cultures Coloniales, & que l'Administration, pour opérer leur prospérité, doit établir un ordre de choses qui les attirent.

Les Colonies ont-elles retiré de l'Arrêt du 30 Août, les avantages qu'on attendoit? L'importation du Bœuf salé, cédé à une Navigation rivale, leur a-t elle procuré le Bœuf salé à meilleur marché? L'expérience prouve la négative. Ont-elles été mieux approvisionnées de Farines que lorsqu'elles ne l'étoient que par le commerce National? L'Arrêt ne permet pas l'introduction des Farines, mais il l'a facilitée; il en est entré continuellement tantôt par tolérance, tantôt frauduleusement, & ces Farines ont été vendues oftenfiblement dans les Magafins, fous leur véritable dénomination. Or il eft de fait que, fi les Farines ont été quelquefois à vil prix, depuis cette époque, elles ont auffi monté à un taux où l'on ne les avoit pas vues dans les paix précédentes, & les Colonies ont été plus d'une fois dans le cas de craindre d'en manquer. Ici l'expérience a démontré le danger de fe laiffer conduire par des raifonnemens théoriques ; elle a confirmé les conféquences annoncées de cette admiffion.

Si l'Admiffion du Pavillon étranger avoit été prononcée fans reftriction, il n'eft pas douteux que l'Irlande fe feroit emparée entièrement de leur approvifionnement en Bœuf falé ; les Etats-Unis fe feroient réfervé celui de la Farine & des autres articles ; les Anglois & les Etats-Unis, celui de la Morue ; les Anglois auroient fourni les Noirs, & ils auroient partagé avec les Hollandois, l'introduction de beaucoup de leurs Fabriques fupérieures aux nôtres ; mais tous auroient enlevé en proportion les denrées Coloniales, leurs Bâtiments étant chargés à la fortie, comme à l'entrée ; ils auroient fourni ces articles au meilleur prix poffible. Le Gouvernement n'a jamais eu l'intention de faire un pareil facrifice ; il auroit tranfporté aux Nations Etrangères les moyens de pourvoir à la fubfiftance de nos Travailleurs ; ainfi permettant aux Bâtimens d'Irlande d'emporter du Bœuf falé, mais les bornant à n'exporter que des Syrops & Taffias, qu'ils ne peuvent rapporter en Irlande où ils font prohibés, c'étoit leur prefcrire de retourner à vuide ; &, dans ce cas, ils devoient trouver leur fret, d'aller & de retour, fur le prix de leurs Bœufs ; on peut appliquer le même raifonnement aux Farines ; & l'on trouvera la caufe du peu d'avantage que les Colonies ont obtenu de cet Arrêt, qui ne peut avoir eu d'autre but que de les favoriser. La Navigation Nationale & l'Etrangere concourrant à l'approvisionnement des Isles, craignent mutuellement les effets de leur Concurrence ; tantôt rebutées par une abondance excessive, qui avilissoit les prix, tantôt attirées par un besoin pressant, qui les élevoit, elles n'ont opéré que des révolutions subites, qui toutes ont été au désavantage du Commerce National ; moins à portée que l'Américain de profiter des circonstances favorables.

Dans la situation actuelle, les Anglois, en portant leurs Bœufs & la Morue, n'ont rien à exporter ; leurs Bâtimens doivent arriver pleins, & retourner vuides ; les Américains, introduisant les Farines, les Beurres, la Morue & les Bois ont beaucoup plus à Importer qu'à Exporter ; la Navigation Nationale, au contraire, a beaucoup plus à Exporter des Isles qu'à Importer ; ainsi, dans toutes les opérations des diverses Navigations employées au service des Isles, il y a nécessairement un vuide dans les Bâtimens, qui éléve les prix du fret ; cet ordre des choses est absolument vicieux. L'admission du Pavillon Etranger, prononcée par l'Arrêt du 30 Août 1784, n'a point servi l'intérêt des Colonies ; elle y nécessite une surveillance inquiétante, qu'il est impossible de maintenir en activité, & elle compromet continuellement les intérêts du Commerce National. D'ailleurs cette admission prépare des dangers pour l'époque de la Guerre, & elle rend l'Administration des Isles pénible en temps de Paix. Les Administrateurs sont perpétuellement placés entre leur devoir, qui nécessite surveillance, & les sollicitations de l'intérêt personnel, qui demande relâchement.

L'approvifionnement entier des Colonies étant rendu à la Navigation Nationale, le niveau s'établira promptement entre les Confommations & les Importations; c'eft l'effet du mouvement naturel d'un Commerce livré à la concurrence libre de tous les Commerçans Nationaux. On ne peut trouver, dans cet ordre de chofes, aucun des effets du Monopole. Si c'eft un facrifice de la part des Colonies, il eft fait à l'intérêt de l'Etat. Le Gouvernement peut le diminuer en réformant le Régime Commercial, & auffi par des compenfations. Le fardeau & les fecours doivent être répartis avec égalité.

Mais l'Arrêt du 30 Août eft directement contraire à l'intérêt Public; il expofe, comme nous l'avons vu, les Colonies à des fur-hauffemens de prix, & à des difettes; il attaque le Commerce National, & il prive la Navigation de fes moyens d'accroiffement. Si le Gouvernement la juge infuffifante pour fubvenir, pendant la Paix, au fervice Commercial de fes Colonies, c'eft annoncer à l'Europe, que, lors de la Guerre, la Marine Royale ne fera pas en état de les défendre.

Quelque convaincu qu'on puiffe être que l'équilibre s'établiroit promptement entre les confommations des Ifles, & les importations par la Navigation Nationale, il ne convient pas d'expofer une fourniture auffi indifpenfable que le Merrein, aux inconvéniens inféparables du début d'un nouvel ordre de chofes. Pour obvier à ces inconvéniens, on pourroit obliger, tant que cela feroit jugé néceffaire, chaque Armateur de charger dans fon Navire, au moins quatre ou cinq milliers de Merrein. Cette contribution feroit plus légitime que la perception du droit connu fous le nom d'*Engagés*. Dans la naiffance de l'établiffement des Ifles, tous les Armateurs étoient obligés de prendre fur leurs Navires, fix Engagés pour trois années, dont ils cédoient le travail aux Colons, à des conditions plus ou moins avantageufes. Cette obligation eft changée en un droit onéreux, de 360 liv., que le Département de la Marine léve fur tous les Bâtimens qui demandent expédition pour les Colonies. Ce droit perçu fans motif comme fans titre, ajoute aux charges multipliées qui péfent fur la Navigation, & fa fuppreffion feroit une compenfation naturelle.

L'Adminiftration intérieure des Ifles n'eft pas dirigée d'après des principes plus analogues à la nature de ces poffeffions; elle fe reffent comme la Navigation & le Commerce, des influences d'un Département Militaire. La naiffance de ces Colonies eft due aux anciens Flibuftiers; d'abord elles ne leur fervirent que de retraite; la Paix les rendit cultivateurs. Un Gouvernement Militaire pouvoit feul convenir à ces hommes fur lefquels la Loi auroit eu trop peu d'empire. Mais, aujourd'hui que ces utiles poffeffions font habitées par des hommes civilifés, le Gouvernement leur doit une autre Adminiftration. Ils doivent être foumis à la Loi, & non à une autorité qui trop fouvent dégénère en arbitraire. L'établiffement des Milices, fur le pied où elles font, conferve trop de force aux formes Militaires. Tous les Colons étant incorporés dans les Milices, font néceffairement, pour ce fervice, fous les ordres immédiats du Gouvernement, & de tous fes Prepofés, & les hommes tendent tous à étendre leur autorité. Ainfi l'Adminiftration des Colonies, reffemble bien plus à l'ancien Gouvernement des Francs, qu'à l'Adminiftration civile de

nos

nos Provinces ; tous les Colons font en quelque forte foldats, & le Gouverneur eft le Général de l'Armée.

La divifion des Colonies, par compagnies & par quartiers, facilite le maintien de la police pendant la paix, & fournit des moyens de défenfe pendant la guerre ; mais des corporations municipales rempliroient bien mieux ce but. Un meilleur efprit s'établiroit parmi les Colons. L'élection de leurs Officiers étant déterminée par la confidération, on auroit intérêt de fe la procurer. Par tout où les formes municipales font établies, l'homme eft citoyen. L'efprit public repouffe les efforts de l'intérêt perfonnel, qui a bien plus d'action fous le pouvoir arbitraire. Des Officiers municipaux maintiendroient l'union dans leurs diftricts, termineroient des difcuffions, éviteroient beaucoup de Procès ; les Colons, foit Propriétaires, foit Régiffeurs d'habitations, foit Commerçans, feroient ramenés à des vues plus analogues à leurs véritables fonctions, dont ils ne font que trop éloignés par de fauffes idées fur un fervice prétendu Militaire.

Les Colonies font devenues une portion trop intéreffante de l'Empire ; elles influent trop fur la profpérité Nationale, pour ne pas mériter l'attention immédiate du Gouvernement ; le Miniftre qui les régit toutes, réunit en lui feul tous les pouvoirs, qui dans les autres Provinces font divifés. Il a, dans fon Département, l'Adminiftration de la Juftice, des Finances, de la Guerre, de la Marine & du Commerce ; & une Adminiftration qui exige tant de connoiffances diverfes, dont les erreurs réagiffent fur tous les intérêts publics, n'obtient elle-même que l'attention fecondaire d'un Département Militaire. Ainfi, l'on ne doit

pas être furpris que ces poffeffions qui ne peuvent contri-
buer à l'aifance du peuple, & à l'accroiffement de la force
Nationale que par le Commerce, n'ayent pas reçu du Département de la Marine, une adminiftration relative au
but qu'on fe propofe. Cependant la Métropole leur doit
des Loix fages, pour qu'elles foient fidèlement executées;
des Adminiftrateurs, des Magiftrats juftes & éclairés, pour
qu'ils faffent aimer & refpecter le Gouvernement. Ce font
les véritables moyens de les faire profpérer, & de s'afsûrer
de leur attachement. Il feroit imprudent de leur faire envier
le fort des Colonies voifines, & de relâcher par des dif-
pofitions erronées les liens de leur union. La nature des
chofes follicite avec inftance la formation d'un Département,
pour foigner des intérêts auffi majeurs; il eft temps que
des établiffemens de cette importance foient dirigés dans
des vues d'utilité générale, fi leur éloignement de la Métropole exige pour conferver l'unité de correfpondance, que
le Miniftre concentre tous les pouvoirs, il eft au moins indifpenfable pour éviter les inconféquences & les vacillations
réfultantes d'une fucceffion de Miniftres, ou de leurs co-
opérateurs, que la Légiflation de ces Colonies, & les principes de leur Adminiftration foient réfléchis, difcutés &
arrêtés avec les autres Départemens, afin qu'elles ne foient
plus régies & adminiftrées, comme des parties ifolées du
refte de la Monarchie.

PA R ces Réflexions générales, j'ai cherché à prouver
la néceffité d'un fyftême Commercial, qui embraffât l'en-

femble du Commerce, dont toutes les parties doivent être dirigées pour fe communiquer une force mutuelle.

Par les Réflexions fur la Navigation , j'ai effayé de développer les caufes de fon infériorité ; j'ai indiqué, comme un des moyens de l'étendre , la fuppreffion de l'Arrêt du 30 Août ; je propofe d'y fubftituer des connexions entre les Colonies & les Etats-Unis , fous le Pavillon National, qui en même temps établiroient la Navigation & le Commerce François chez les Américains.

Par les Réflexions fur les Colonies , je crois avoir démontré qu'elles n'étoient que des établiffements de Commerce; qu'il convenoit, pour l'intérêt même des Colons, de ne confidérer ces poffeffions que fous le rapport de Manufactures, & de leur donner des Loix & une Adminiftration qui leur fuffent propres ; qu'alors elles rempliroient leur véritable deftination ; qu'elles feroient conduites à la profpérité par le Commerce National, & pour fon plus grand avantage; &, fous cette expreffion, je renferme l'intérêt de l'Agriculture, de la main-d'œuvre, tous les moyens enfin de mettre le peuple dans cette fituation aifée , dont il eft fi éloigné. Le Commerce ainfi dirigé , eft réellement le reffort de la profpérité publique, & de la force Nationale. J'aurai obtenu le fuccès que je défire, fi j'ai fait fentir la néceffité de livrer à la difcuffion, des objets d'intérêt qui ont autant de branches. J'invite encore le Gouvernement à porter fes regards fur la marche des Nations qui font parvenues à la profpérité par le Commerce. Sans devenir ferviles imitateurs, nous pourrions y puifer des connoiffances utiles.

La Hollande a fondé un Commerce immenfe, fur l'ignorance des autres Nations. Par fa Navigation, elle eft devenue le Magasin général, & le facteur de toutes; les avantages qu'elle en a retirés la feront lutter encore long-temps contre les efforts des Nations, qui toutes, avec plus ou moins d'intelligence, réclament contre l'usurpation de leur Commerce naturel. Sa population s'est accrue fort au-delà des proportions ordinaires. Elle l'a maintenue dans la plus grande aisance, par la masse de travail qu'elle lui a procuré; & son Agriculture a été portée au dernier dégré de prospérité, puisqu'elle avoit dans le pays même plus de consommateurs que de produits. Son capital National a été élevé au plus haut période; mais ce Commerce étant porté fort au-delà des productions de son sol & de sa main-d'œuvre, est précaire de sa nature. Ce sont ses immenses richesses qui, en maintenant chez elle l'argent au plus bas intérêt, la rendent encore le point central des spéculations commerçantes. Elle est réellement le Banquier général de l'Europe. On ne peut se dissimuler que c'est son intelligente direction du Commerce, qui fait jouir son peuple de la plus grande aisance; si c'est le but de toutes les Administrations, il est en Hollande parfaitement rempli.

L'Angleterre, en dirigeant ses vues sur le Commerce, a eu à lutter contre la Hollande qui avoit envahi partie de sa Navigation & de son Commerce naturel; & ses premiers efforts ont été employés à repousser cette concurrence. Sa marche a été celle d'une grande Puissance. La Hollande ne pouvoit faire un Commerce étendu qu'avec les productions des autres pays; l'Angleterre s'est principalement occupée de donner de la valeur aux siennes; son Administration a été constamment dirigée vers l'amélioration de son Agriculture & de ses Fabriques; bien convaincue que le débouché en étoit le plus puissant moteur; ses Ordonnances, ses Réglemens, ses Guerres, ses Traités, tout a été fait dans la vue de l'étendre: ses Impositions, ses Droits à l'entrée, ses Gratifications à la sortie, ont tous été combinés pour provoquer le travail, & mettre, chez elle, les hommes salariés dans l'aisance. Ses dispositions ont été si conséquentes, que, malgré les fautes d'un Gouvernement égaré par son orgueil, nécessité à des Impôts excessifs, par une Guerre malheureuse, qui lui a fait perdre des Possessions importantes, elle conserve encore sa supériorité en Commerce; le travail est, chez elle, dans la plus grande activité; s'il se ralentissoit, si elle perdoit ses débouchés, elle resteroit affaissée sous le poids de ses dettes, & la misère de son Peuple succéderoit à l'aisance. Ce qu'a été, ce qu'est encore l'Angleterre, la France a tous les moyens de le devenir. Que l'Administration dirige le Commerce, dans la vue de provoquer le travail dans toutes les parties. Qu'elle en surveille tous les débouchés; qu'elle lui réserve sa consommation; qu'elle rende libre la circulation intérieure, & le Peuple sera heureux. Comme François, je remarque avec peine que l'homme salarié, en passant de France en Angleterre, rendroit sa condition meilleure; &, qu'au contraire, l'Homme riche, en quittant l'Angleterre, pour vivre en France, augmenteroit ses jouissances. Rien ne caractérise mieux les deux Administrations; en France, elle obéit à l'impulsion de l'Homme puissant; on y apperçoit encore les traces de la féodalité. L'Administration Angloise est mieux dirigée vers le bonheur du Peuple, vers l'avantage du plus grand nombre.

En France, la situation de la Capitale n'est pas favorable aux vues générales fur le Commerce. Cet obftacle à fon amélioration, a été trop peu remarqué. L'Angleterre jouit, à cet égard, d'un avantage particulier. La Tamife offre, tout à la fois, le tableau d'un Port Royal, d'un Chantier de conftruction, & d'un Port de Commerce immenfe, qui communique à toutes les parties du Globe. Londres eft, par là, devenue un foyer d'idées & de connoiffances en Navigation & en Commerce, qui fe font naturellement identifiées avec l'Adminiftration. L'Homme fans étude, peut en fuivre les mouvemens; ce ne font pas des idées purement théoriques. Là, l'expérience guide les réflexions. Paris n'offre aucun de ces avantages; le mouvement du Commerce en eft éloigné; les rapports Commerciaux avec les Nations Etrangères y font mal appréciés; les mots de Commerce intérieur & extérieur n'y préfentent à l'efprit que des idées vagues. L'opinion qui a tant d'influence dans les grandes Villes, y eft bien plus dirigée par des idées fpéculatives, que par des connoiffances expérimentales; on n'y trouve que des notions communiquées. Cependant c'eft le centre de tous les pouvoirs, le féjour des grands Propriétaires, des Capitaliftes; les refforts du Gouvernement y attirent toutes les fortunes; les recettes Royales y portent tous les tributs du Royaume; ainfi c'eft de - là que part l'impulfion fur tous les objets; mais s'il s'y fait un mouvement de fonds confidérables, ces fonds font bien plus attirés vers les opérations de Finance, que verfés dans les entreprifes de Commerce, qui n'ont de rapport avec cette Capitale que par la Banque, & elle-même eft devenue bien plus Financière que Commerçante; ainfi il fe forme, dans cette Ville, un inté-

rêt particulier, dont l'efprit ne peut qu'égarer les Adminiftrateurs. La diminution de l'intérêt de l'argent y eft
regardée comme une calamité, & fon augmentation comme
un bien. L'Adminiftration, qui dépenfe & emprunte, n'é-
prouve de contradiction que lorfquelle fait craindre une fub-
verfion, & l'Adminiftration, qui économife & rembourfe eft
taxée de parcimonie. On s'y paffionne pour la profpérité
publique, en agiffant toujours contradictoirement. C'eft dans
cette Ville, qu'on qualifioit autrefois de Colonnes de l'Etat,
les Receveurs de Deniers Royaux, & les Intermédiaires du
crédit Public; c'eft dans cette même Ville qu'on a mis plus
d'une rois en queftion : Si les Ifles à fucre étoient des poffeffions utiles ou nuifibles à la profpérité Nationale ? c'eft
là encore, où l'on calomnie fouvent le Commerce; fans
réfléchir que c'eft par fon action qu'on peut procurer à une
grande partie de la population, les moyens de pourvoir à fa
fubfiftance; fans appercevoir que c'eft l'action du Commerce
qui met la concurrence en faveur du travailleur, qui force
l'Homme riche de payer plus cher fa journée, & qui répare,
en quelque forte, les inconvéniens de l'inégalité. Au milieu
de ces erreurs & de ces intérêts divers, il ne faut pas s'é-
tonner fi les vrais principes du Commerce n'ont pas été faifis.
Trois Guerres Maritimes, pendant lefquelles on a manqué
de matelots, n'ont pas éclairé fur les caufes de l'infériorité
de la Navigation; & nous verrions la quatriéme, fans être
plus en état de défenfe, fi, dans ce moment de régénération,
on ne s'occupoit pas de l'amélioration du Commerce, fous
tous fes rapports.

Par la fituation de la Capitale, les véritables lumières fur
le Commerce, étant éloignées du centre des délibérations,

Il eſt néceſſaire, plus qu'ailleurs, de ne rien prononcer ſur cet objet important, qu'après avoir entendu les principales Villes Commerçantes; &, comme les abus ſont inſéparables du Gouvernement d'une grande Nation, pour les redreſſer, il convient de même d'accueillir les repréſentations de ces Villes. En Angleterre, où les lumières ſont plus généralement répandues, l'Adminiſtration ne décide rien que, préalablement, elle n'ait employé tous les moyens de s'éclairer. Juſqu'à préſent, en France, le Commerce confié à pluſieurs Départemens ne s'eſt que trop reſſenti de la volonté iſolée & arbitraire de chaque Adminiſtrateur.

Je finis, en obſervant que la Raiſon & l'Expérience conſeillent pour le maintien de la force publique l'adoption de meſures qui puiſſent aſſûrer la ſubſiſtance & l'aiſance du Peuple. Il ne ſuffit pas aujourd'hui, pour la ſûreté des Etats, de former des bataillons; il faut, lorſque les eſprits s'éclairent, qu'ils puiſſent ſe repoſer, avec confiance, ſur les principes & les moyens qui les gouvernent.